Los Animales de Leen

Copyright 2017 por Pegasus Coloring Book
Illustraciones: Leen Margot
Todo derechos reservados

Toda representación o reproducción íntegrala o partial hecha sin la aprobación del autor o de sus derechos habientes o causa habientes, es ilicita.

Leen Margot

Los animales de Leen

Libro de colorear para adultos

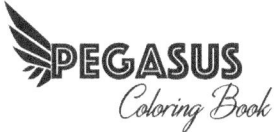

¡Bienvenidos en mi libro de animales!

¡Entra en una galería donde encontrarás una serie de animales formados por hojas y flores, un libro donde la fauna y la flora se mezclan y se confunden para dar a luz a mis dibujos. ¿Porqué los animales?

Amo la naturaleza en general y los animales en particular. Apoyo varias asociaciones que luchan para la defensa de los animales, la protección de los gatos y también para el apoyo a proyectos artísticos de sensibilización para las especies en vías de extinción. De hecho, encontrarás en ese libro el pangolín, la ballena y su ballenato, la marsopa, el elefante, el rinoceronte negro, el cacatúa... ¡y muchos otros más! Todos podemos alcanzar la creatividad, lo veo cada día con vuestros coloreados en las redes sociales.

¿Cómo colorear? ¡Pasándosela bien ! Eres creativo/a, ¡no lo dudes ni por un segundo! Si te queda alguna duda para la asociación de los colores, puedes utilizar el principio de los colores complementarios gracias al círculo cromático (un círculo para colorear está ubicado en este libro y el modelo está disponible en el blog de Pegasus), o meramente seguir tu instinto y tus ganas.

Lo más importante es pasársela bien, probar, intentar, equivocarse y mejorar, cada uno a su ritmo, según su capricho. ¡Déjate llevar y diviértete más que nada!

Puedes utilizar lápices de colores o rotuladores. Los lápices de alcohol también ya que el verso de las páginas son vírgenes.

Búscame en las redes sociales y no dudes en compartir tus creaciones con el hashtag **#losanimalesdeleen**. Descubrir vuestras creaciones e interpretaciones es siempre un placer para mí. ¡Tengo muchas ganas de ver sus maravillas!

Gracias a todos por vuestro apoyo, gracias a mi marido y mis hijos Manon y Valentin, a mi familia, a mis amigos, y a las coloreadoras que se han convertido en amigas a lo largo de nuestros intercambios y encuentros.

Leen

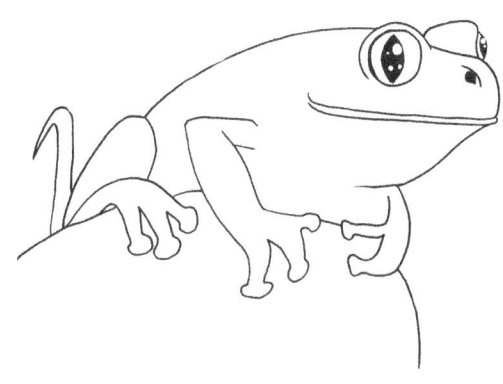

Círculo Cromático para Colorear

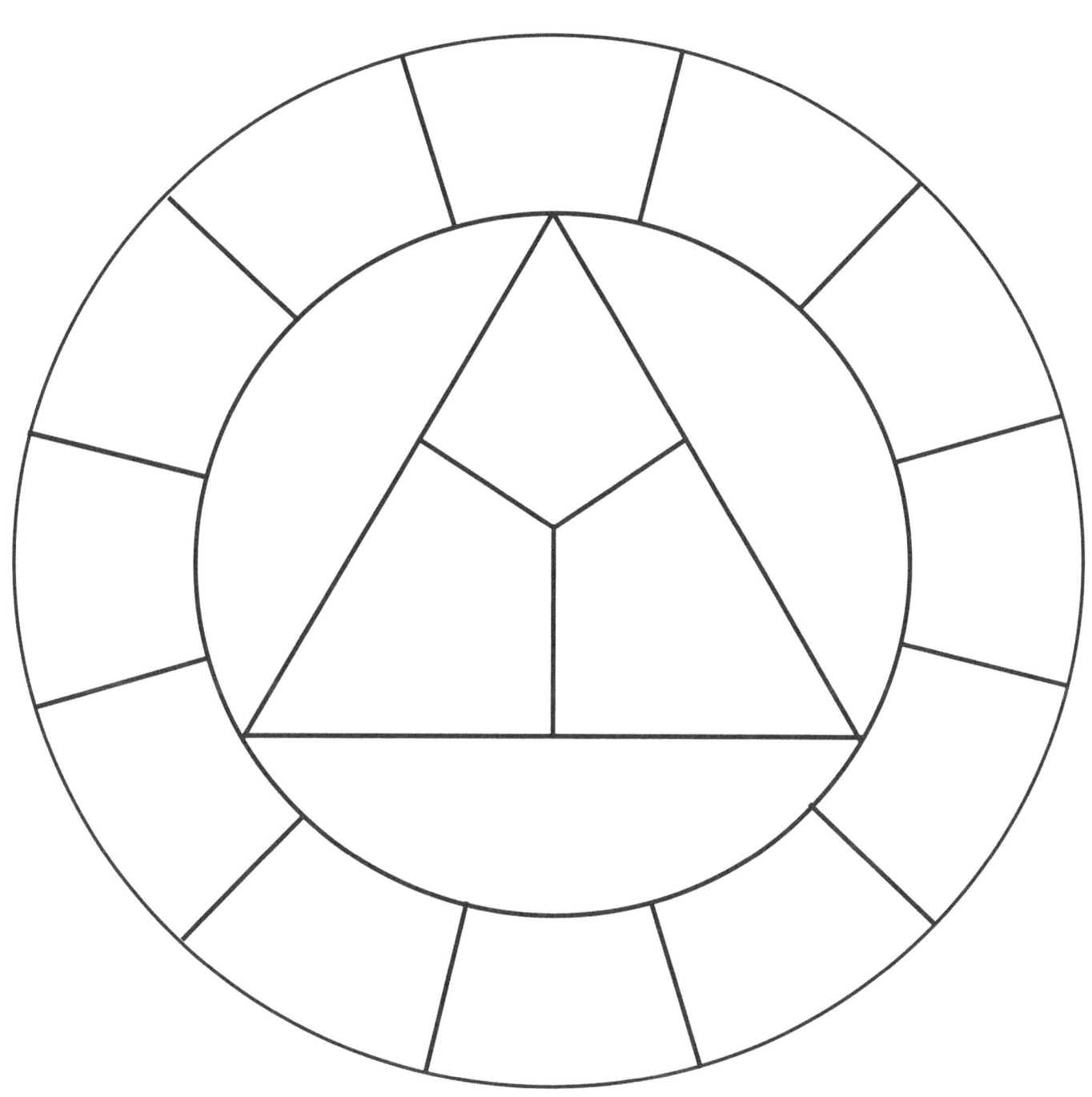

Prueba tus colores aqui

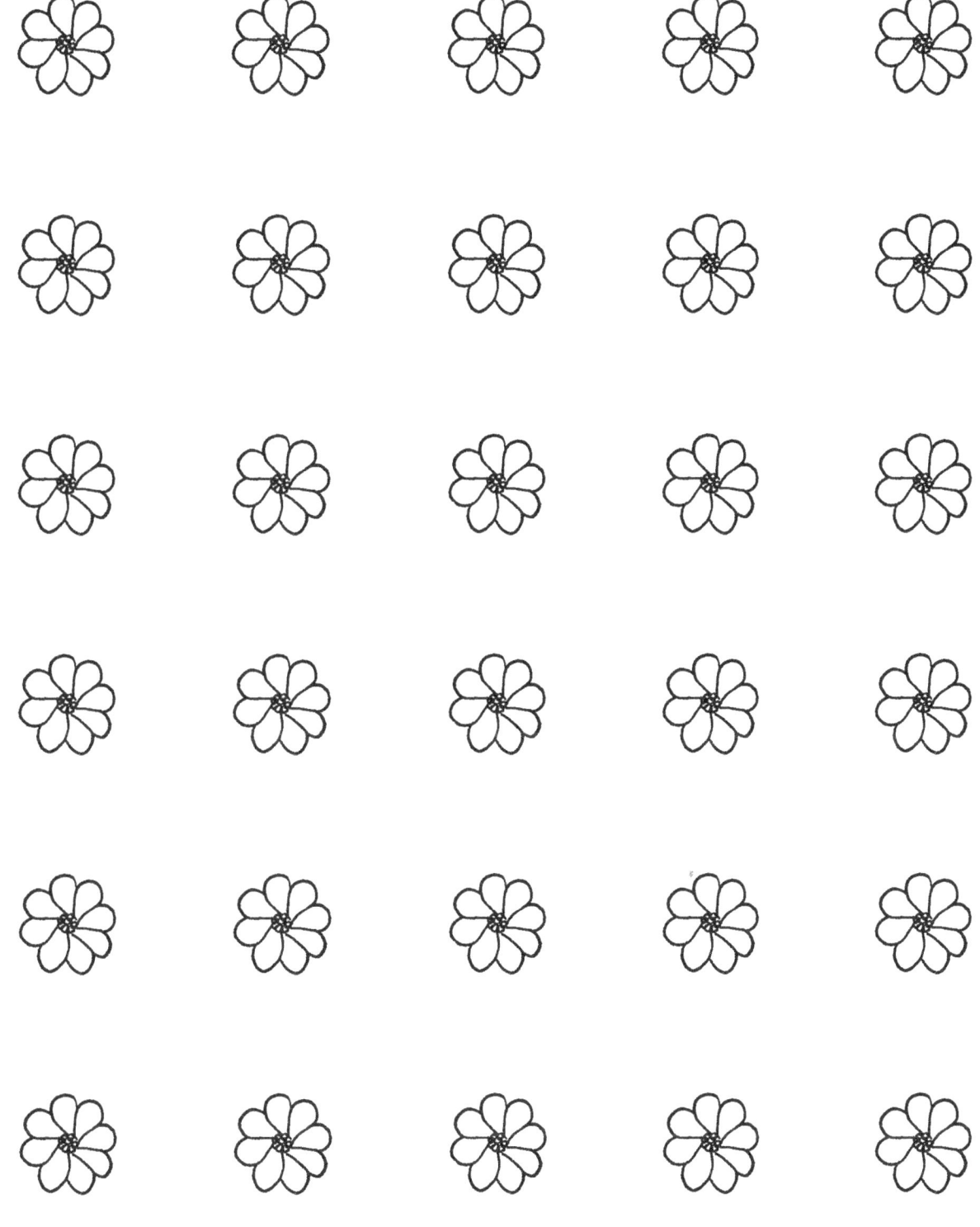

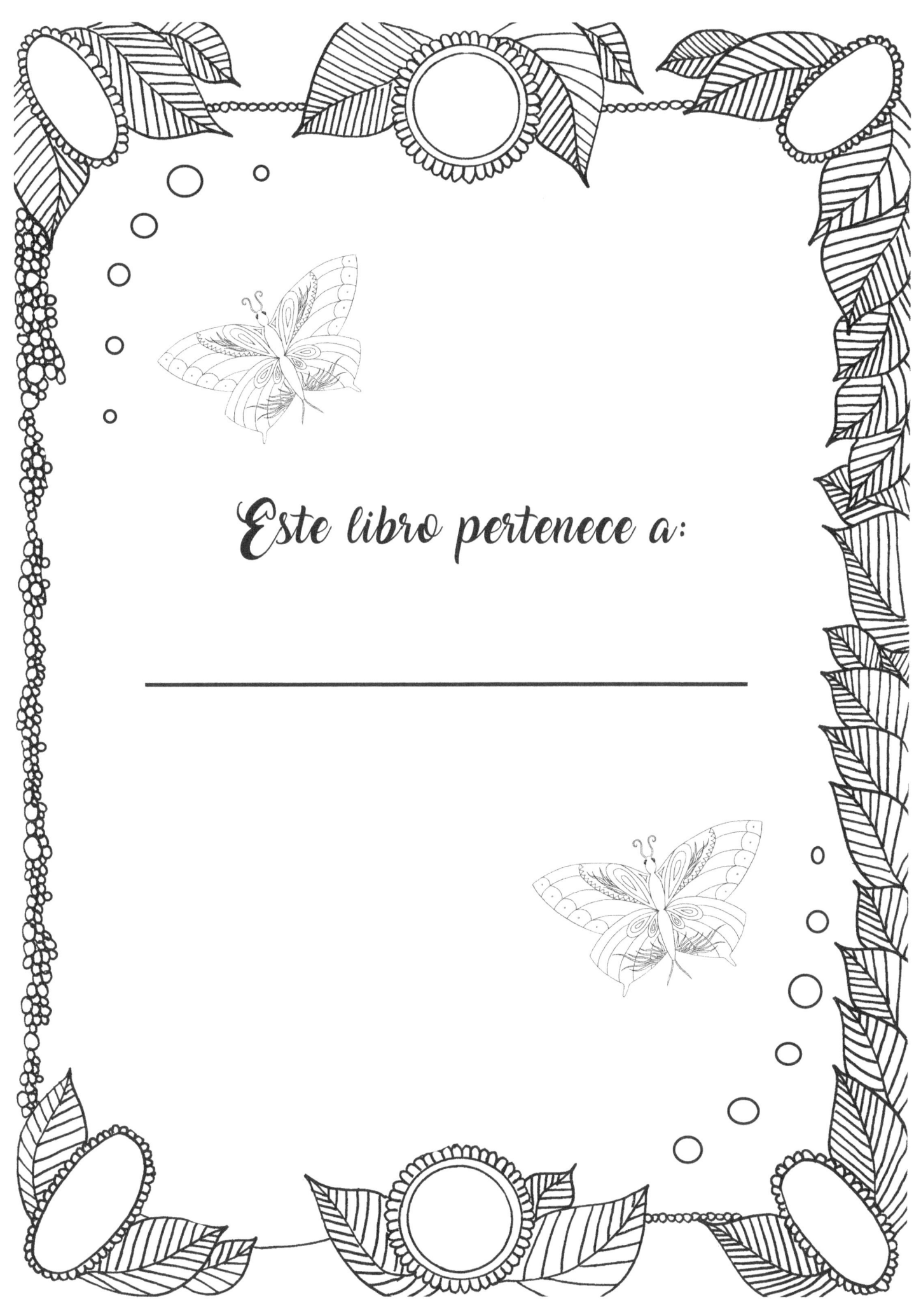

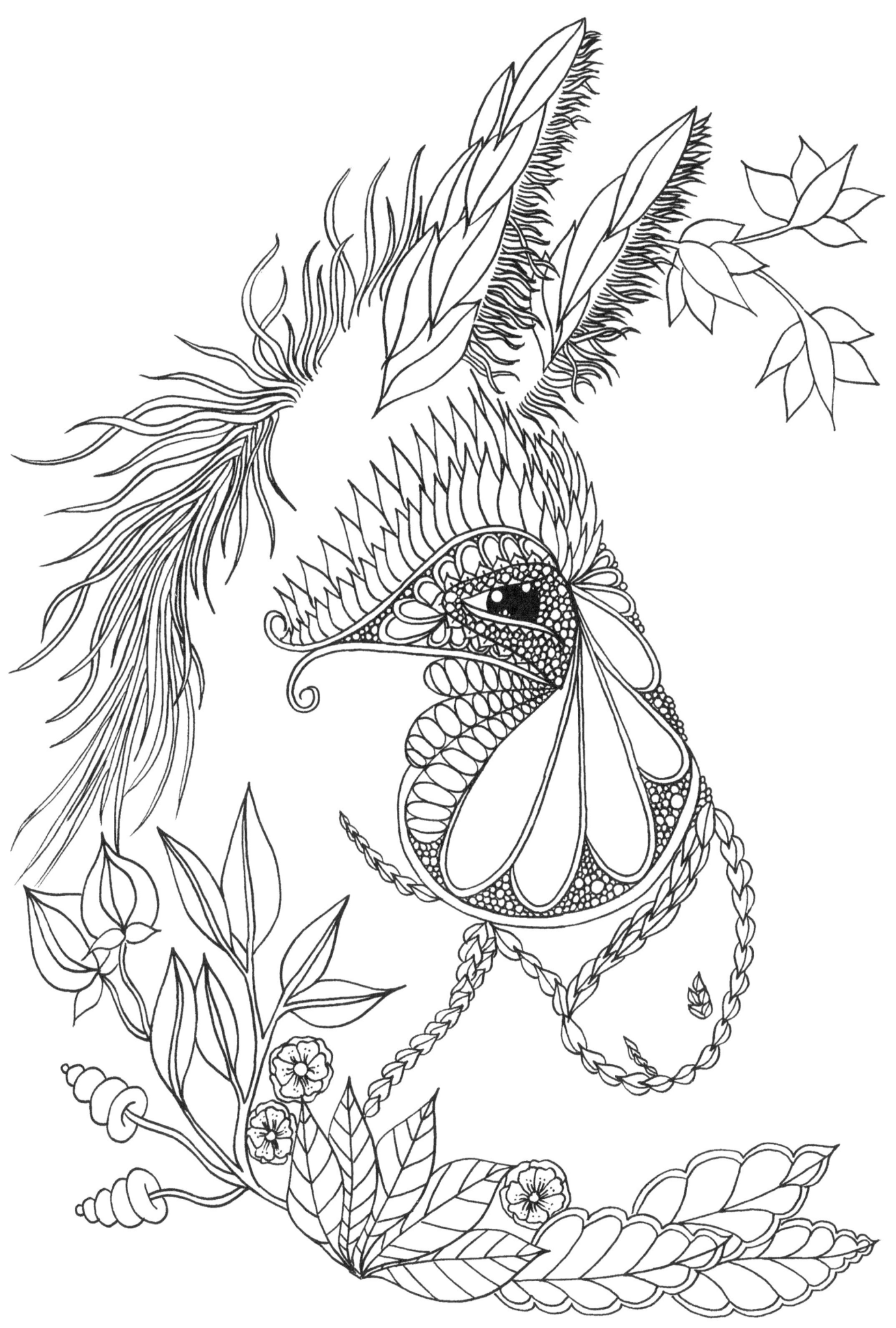

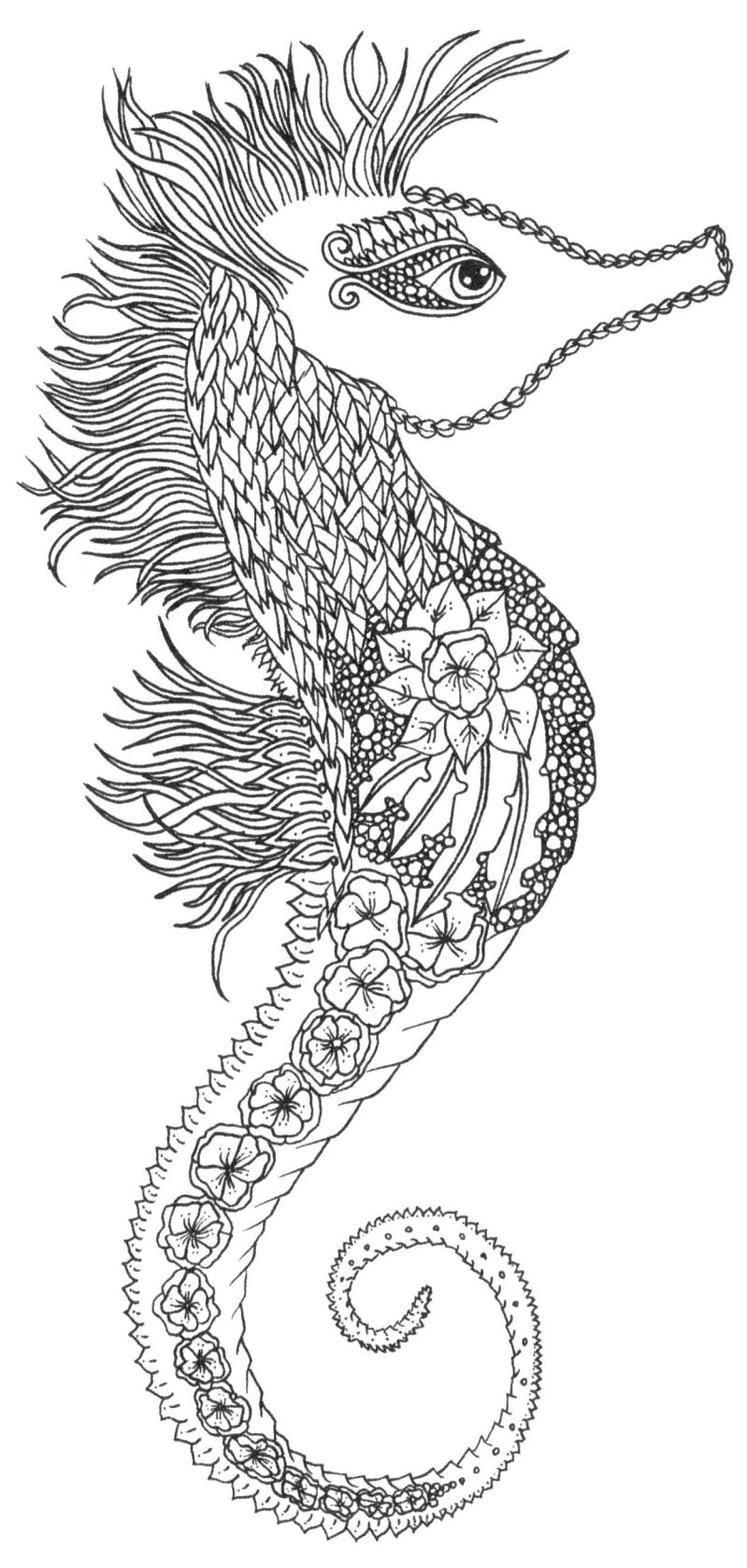

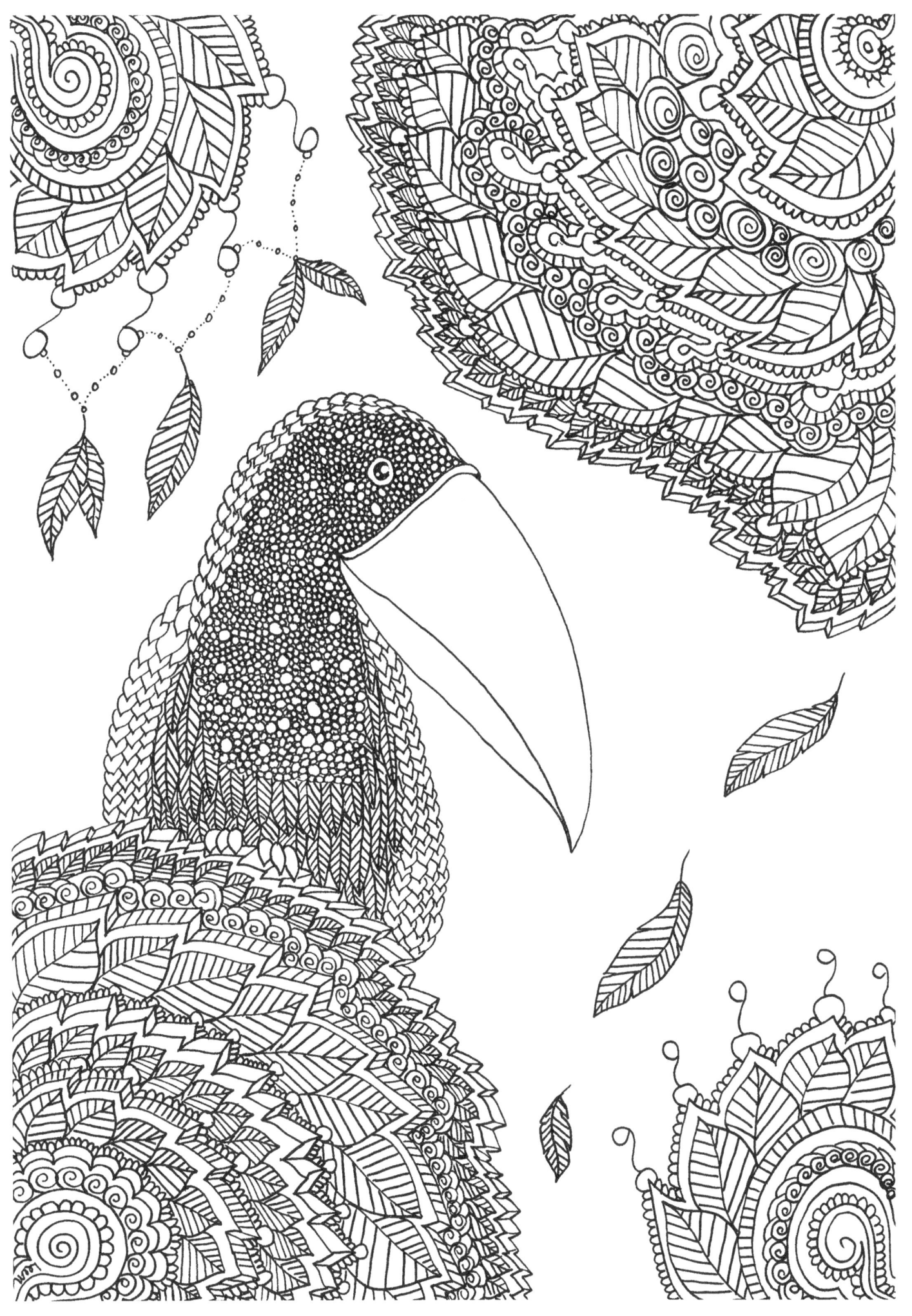

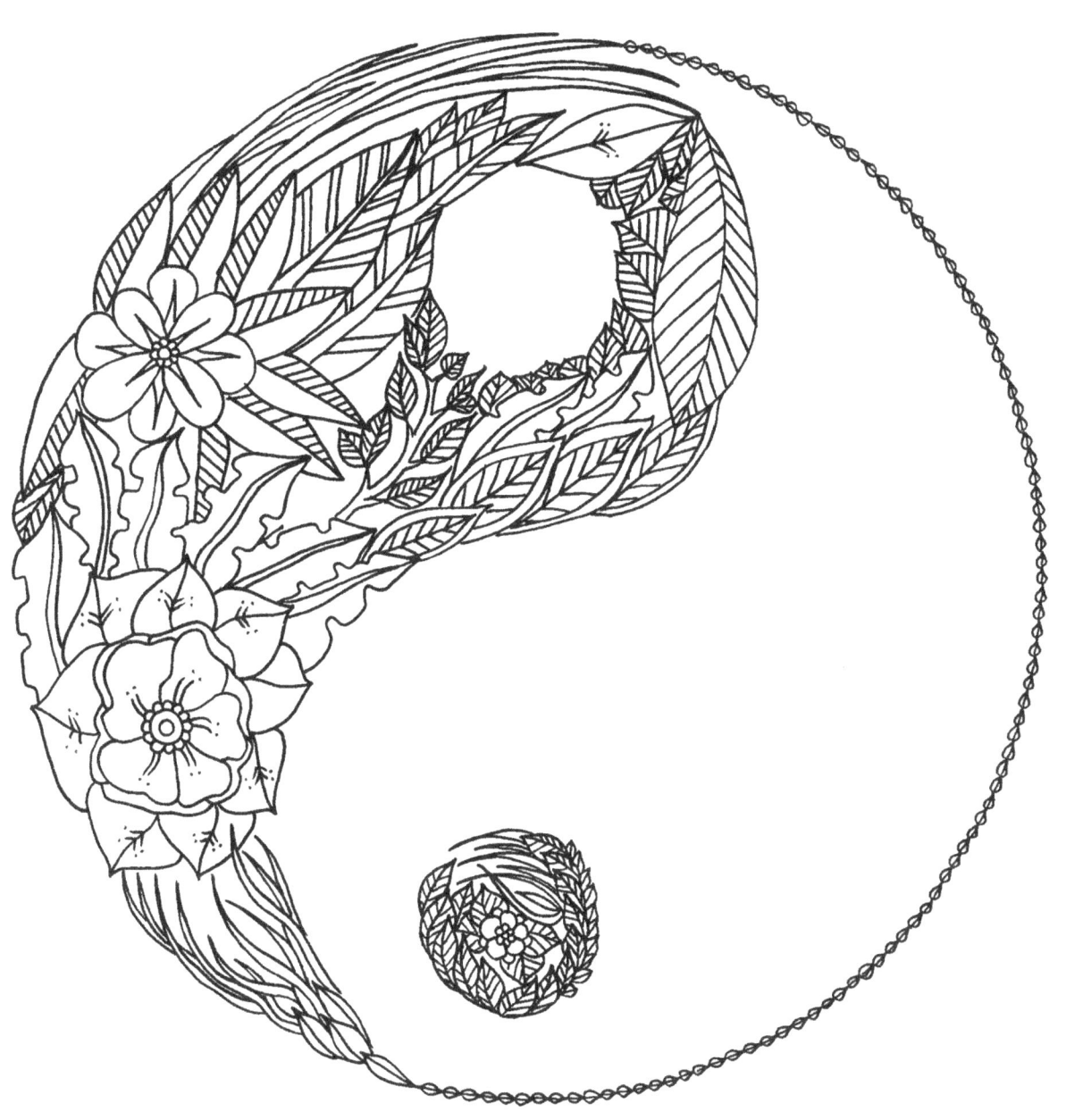

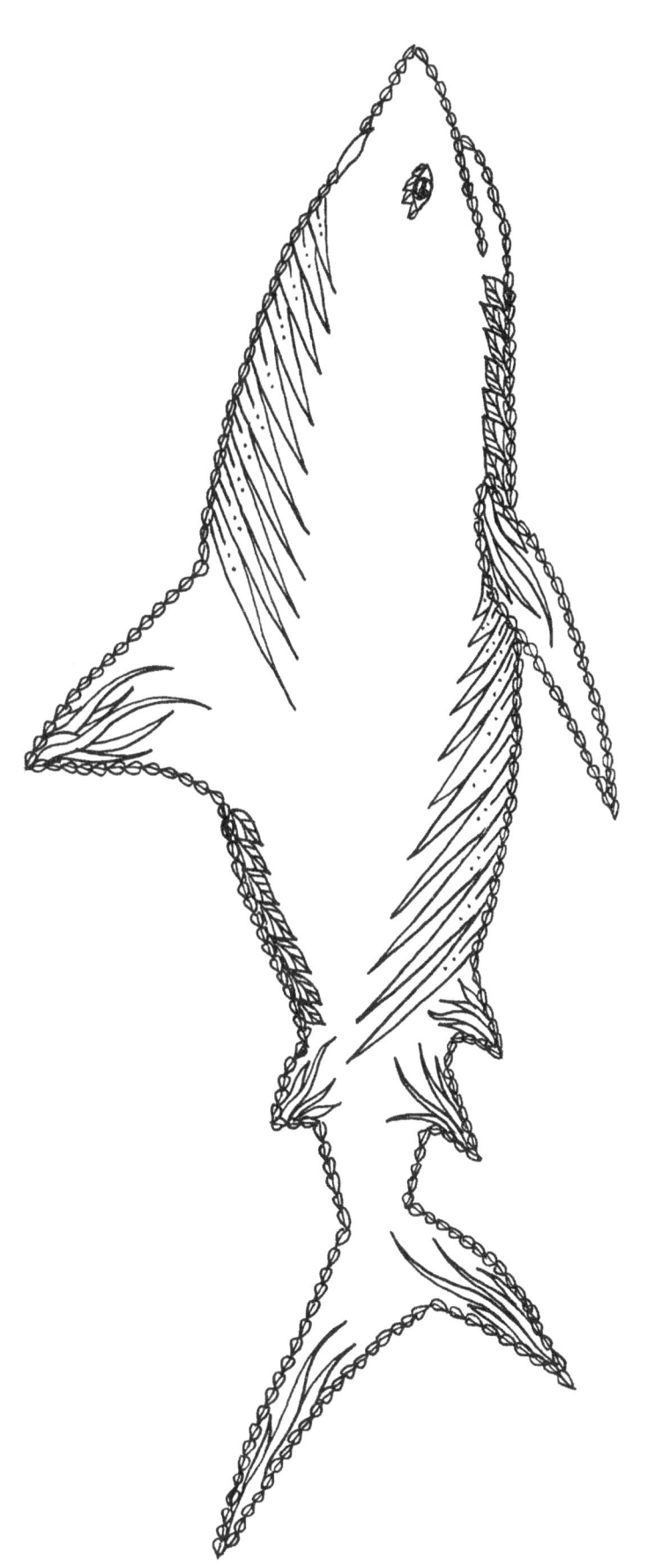

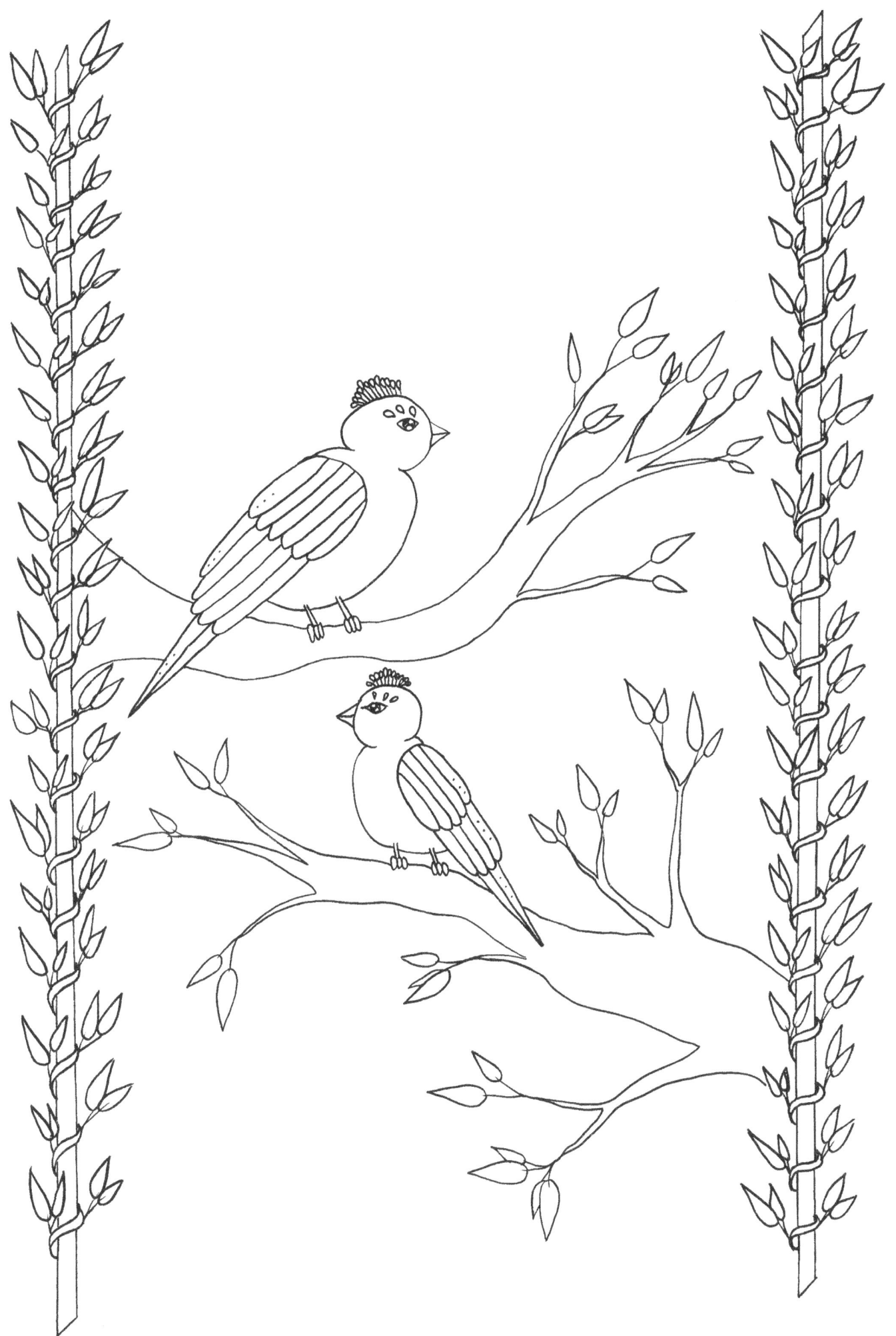

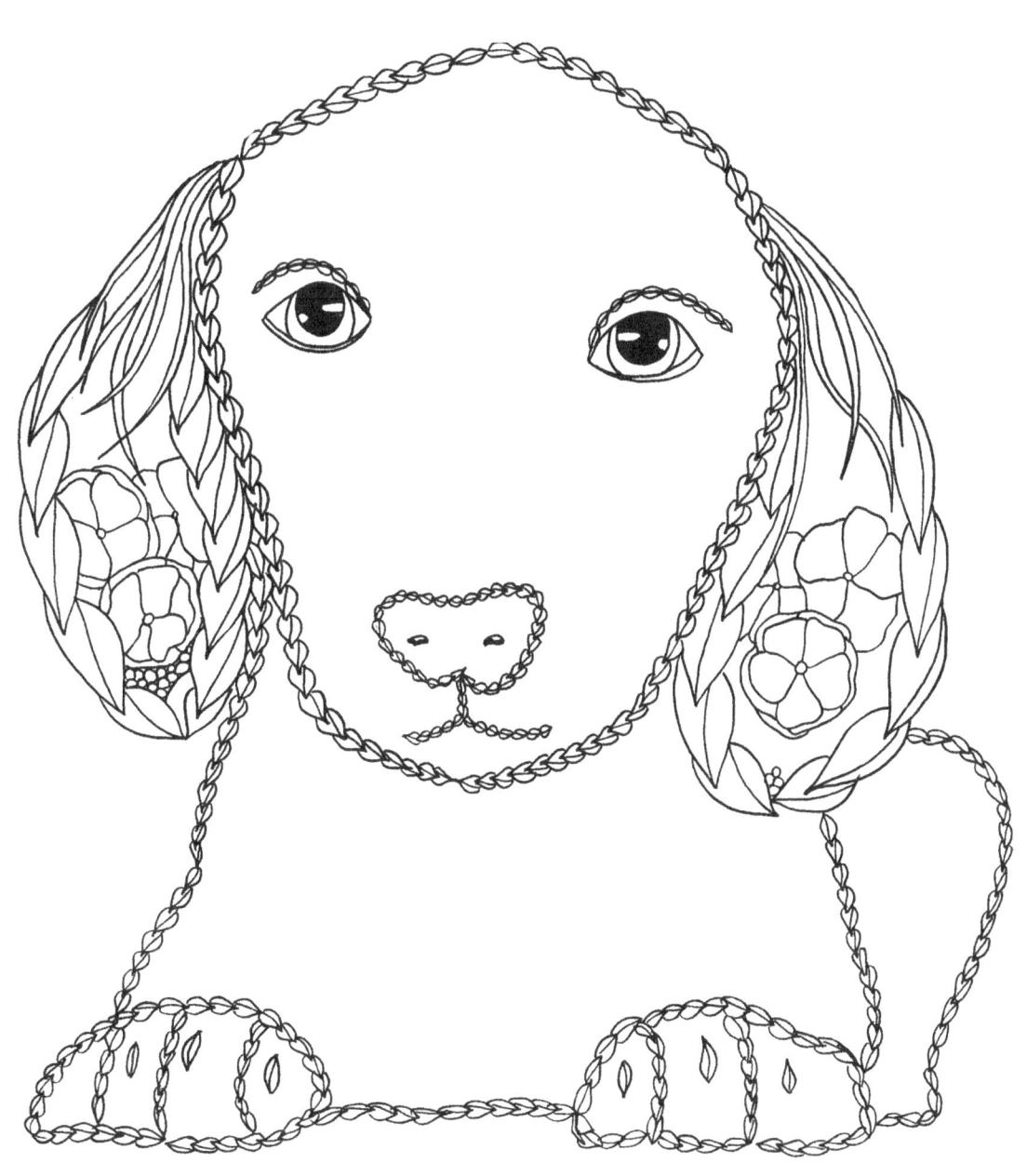

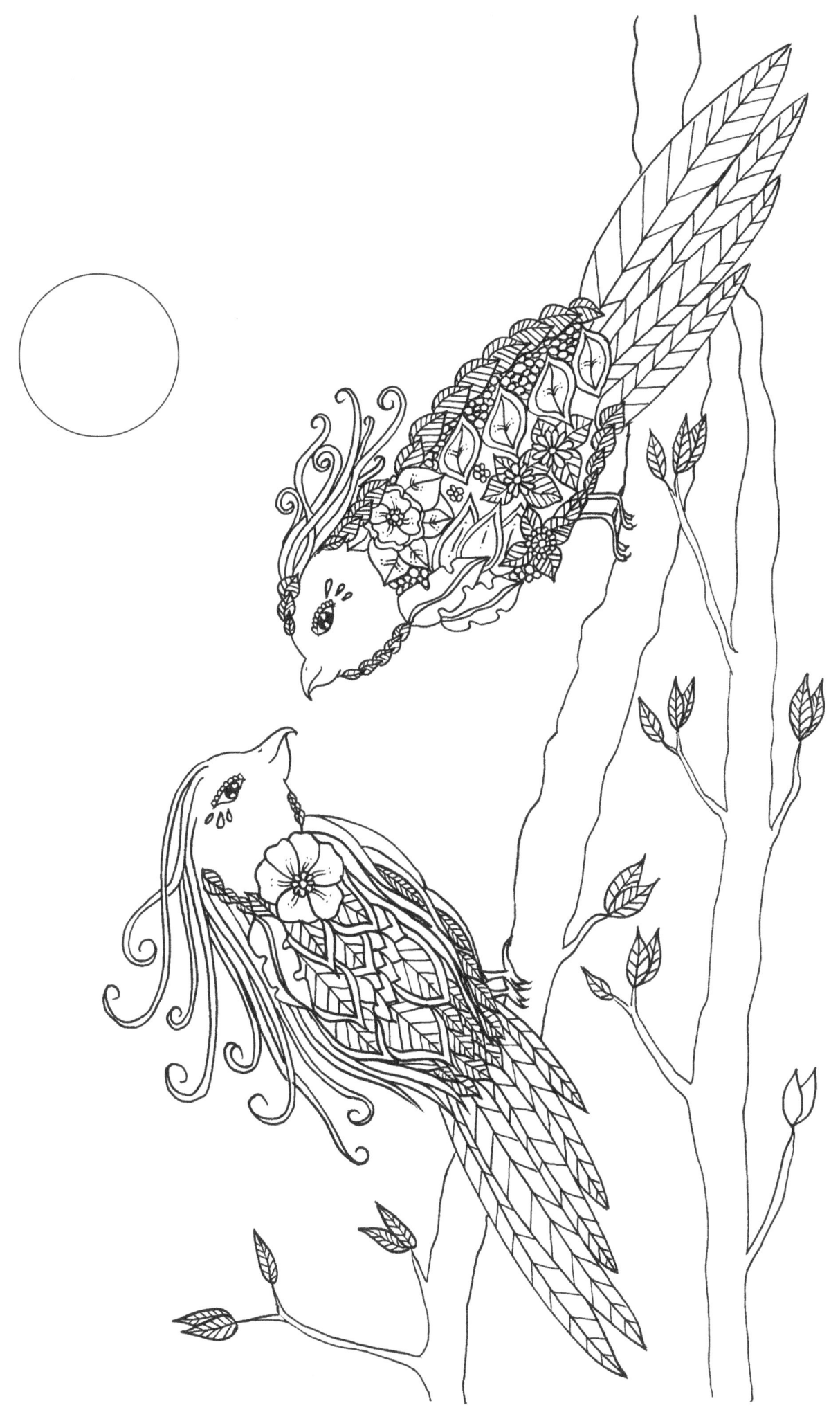

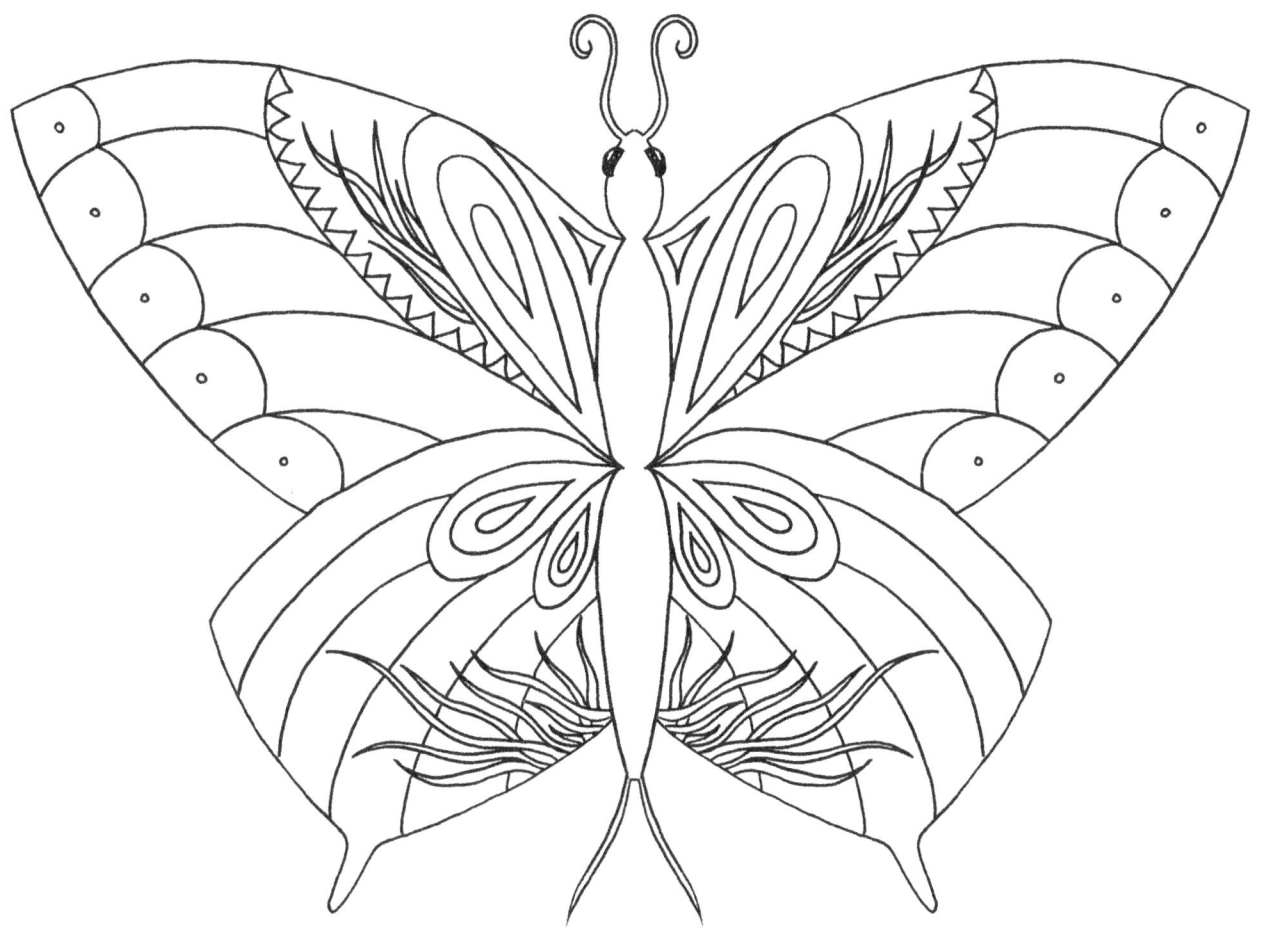

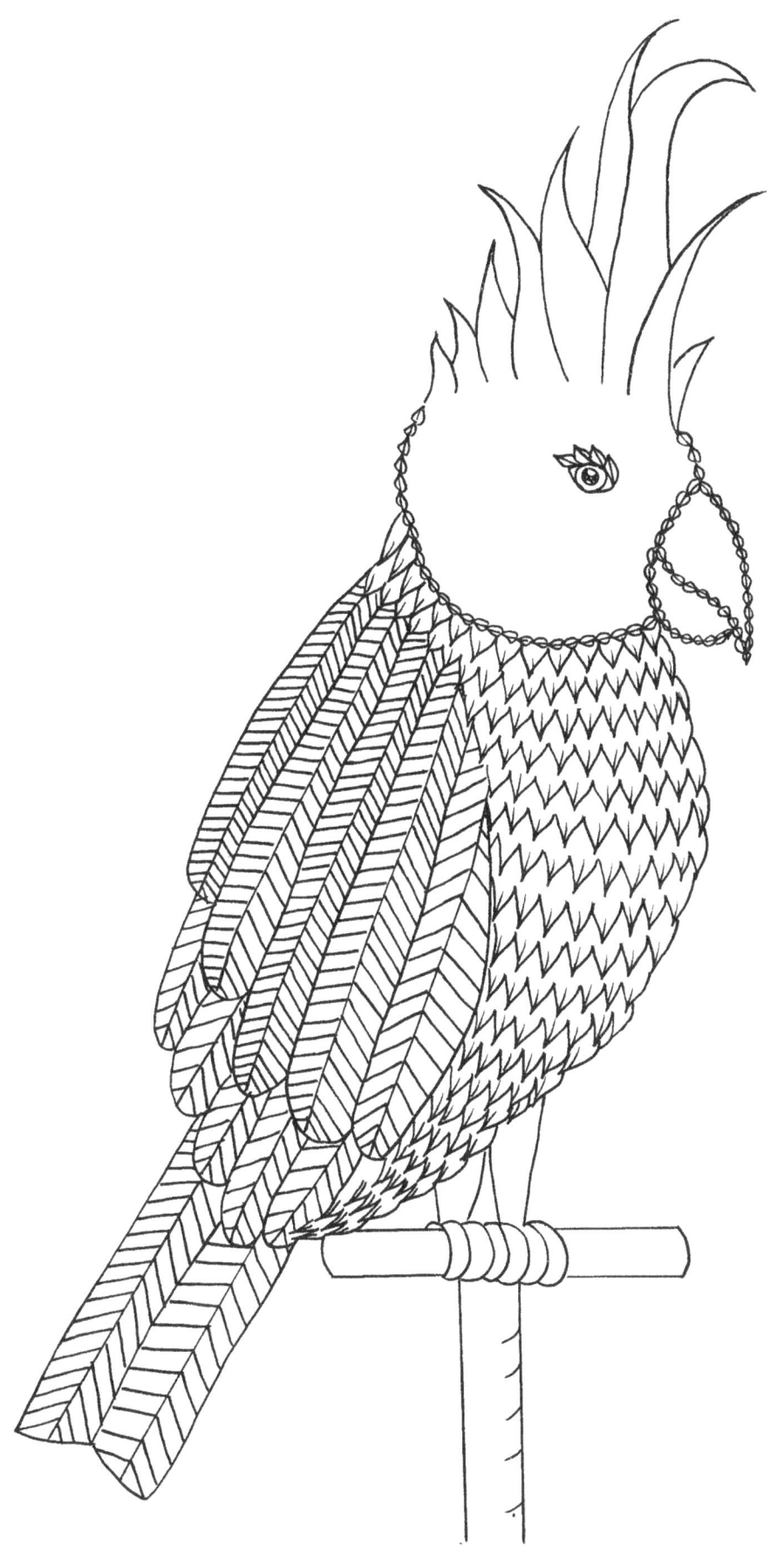

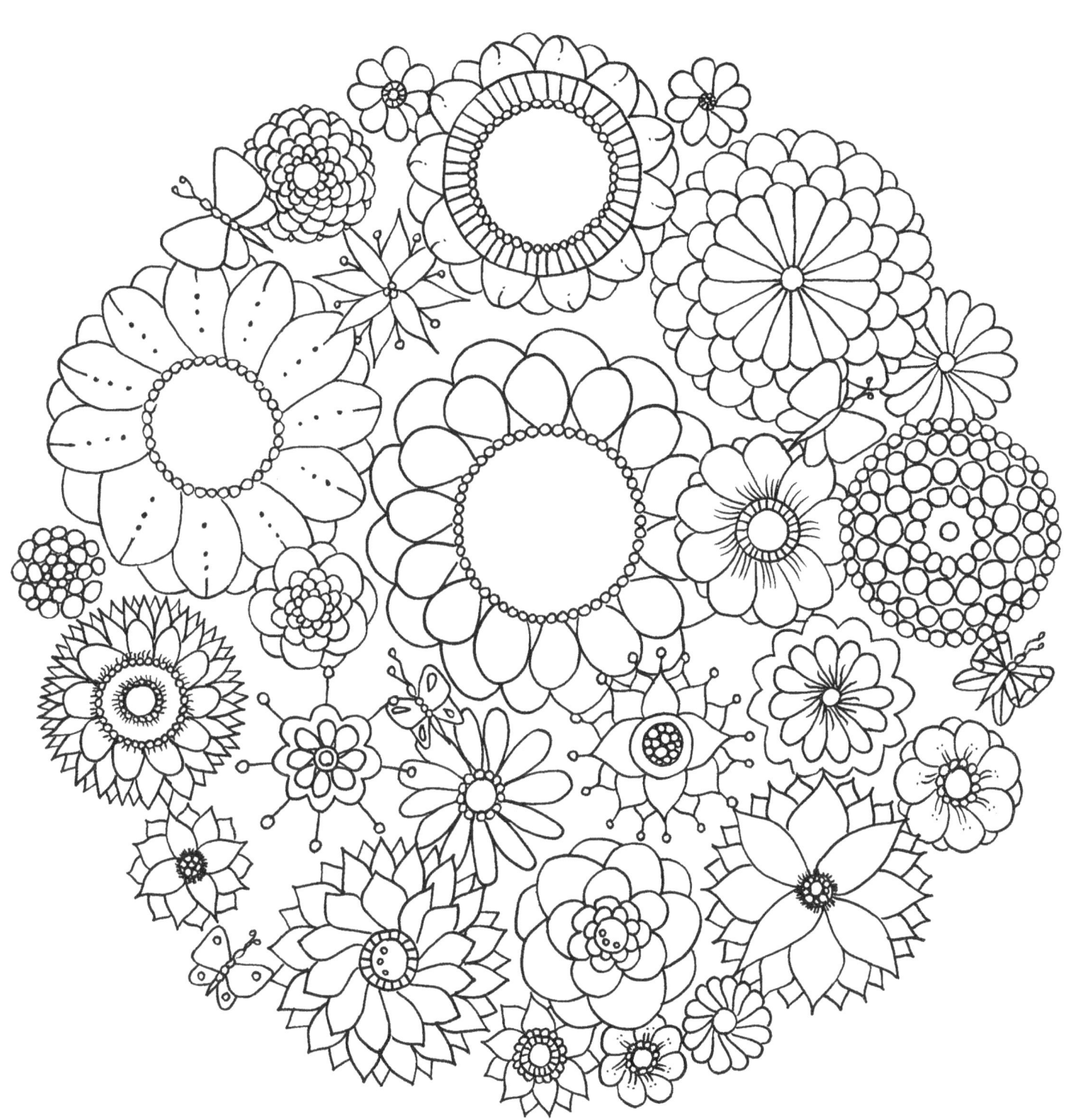

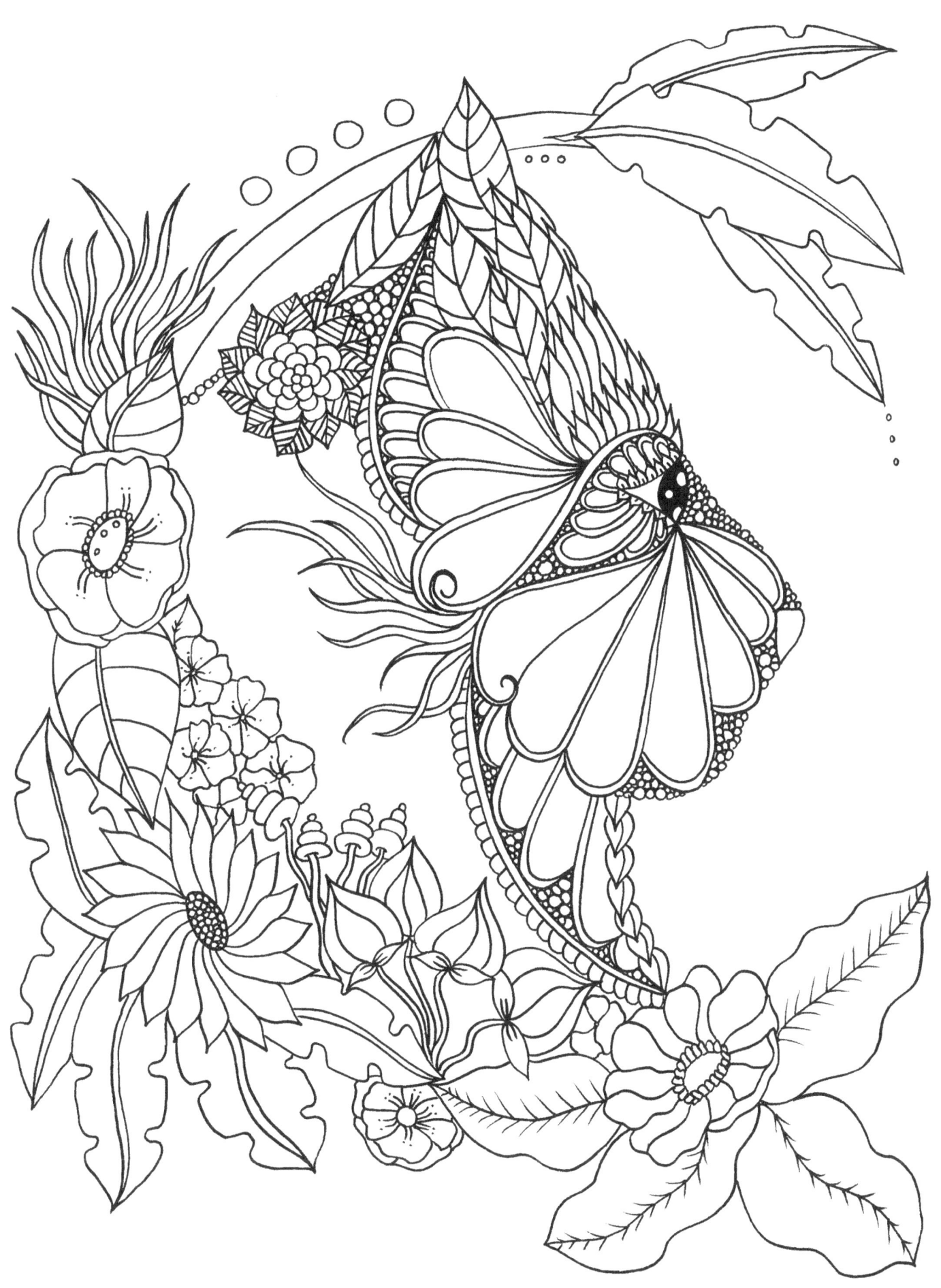

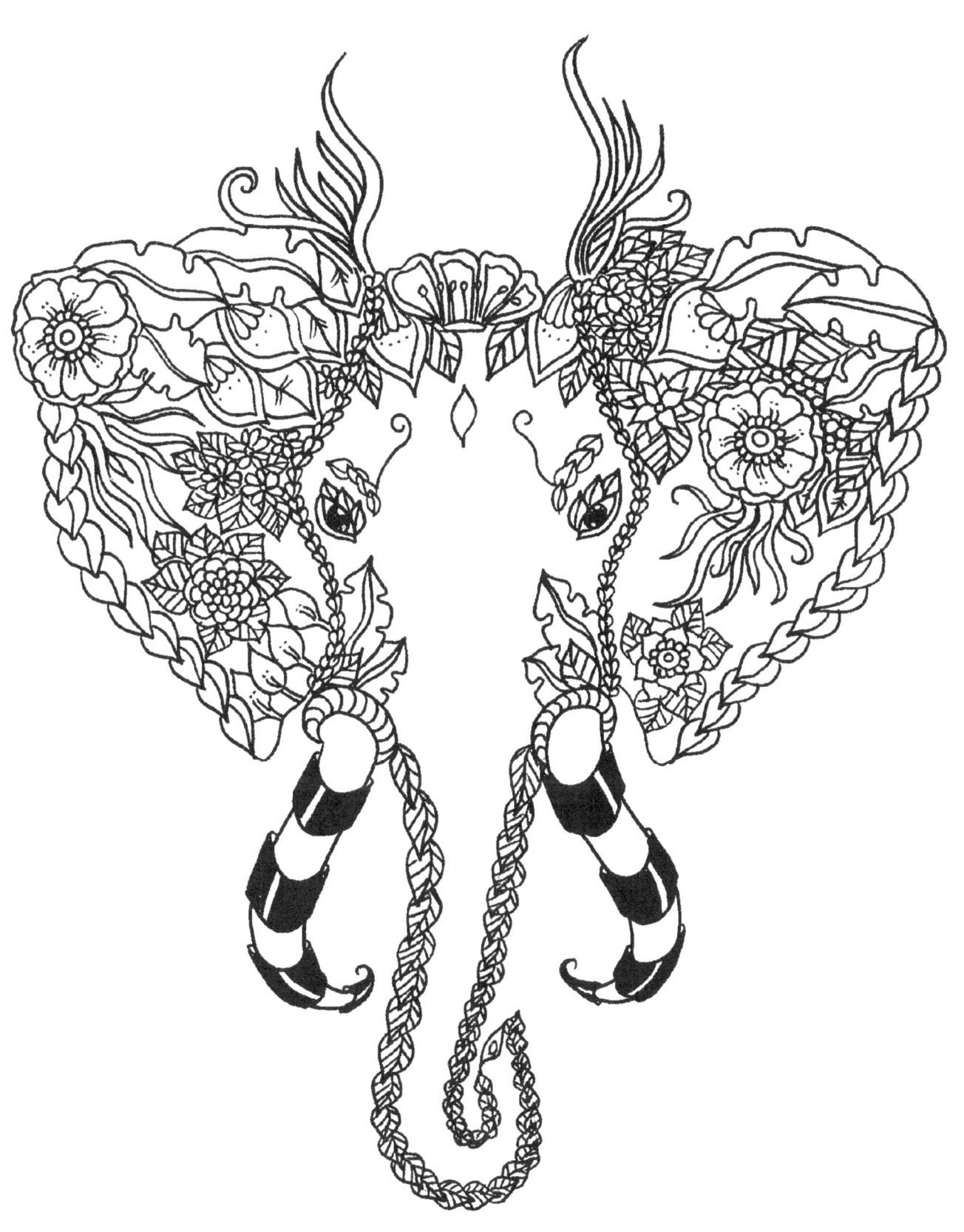

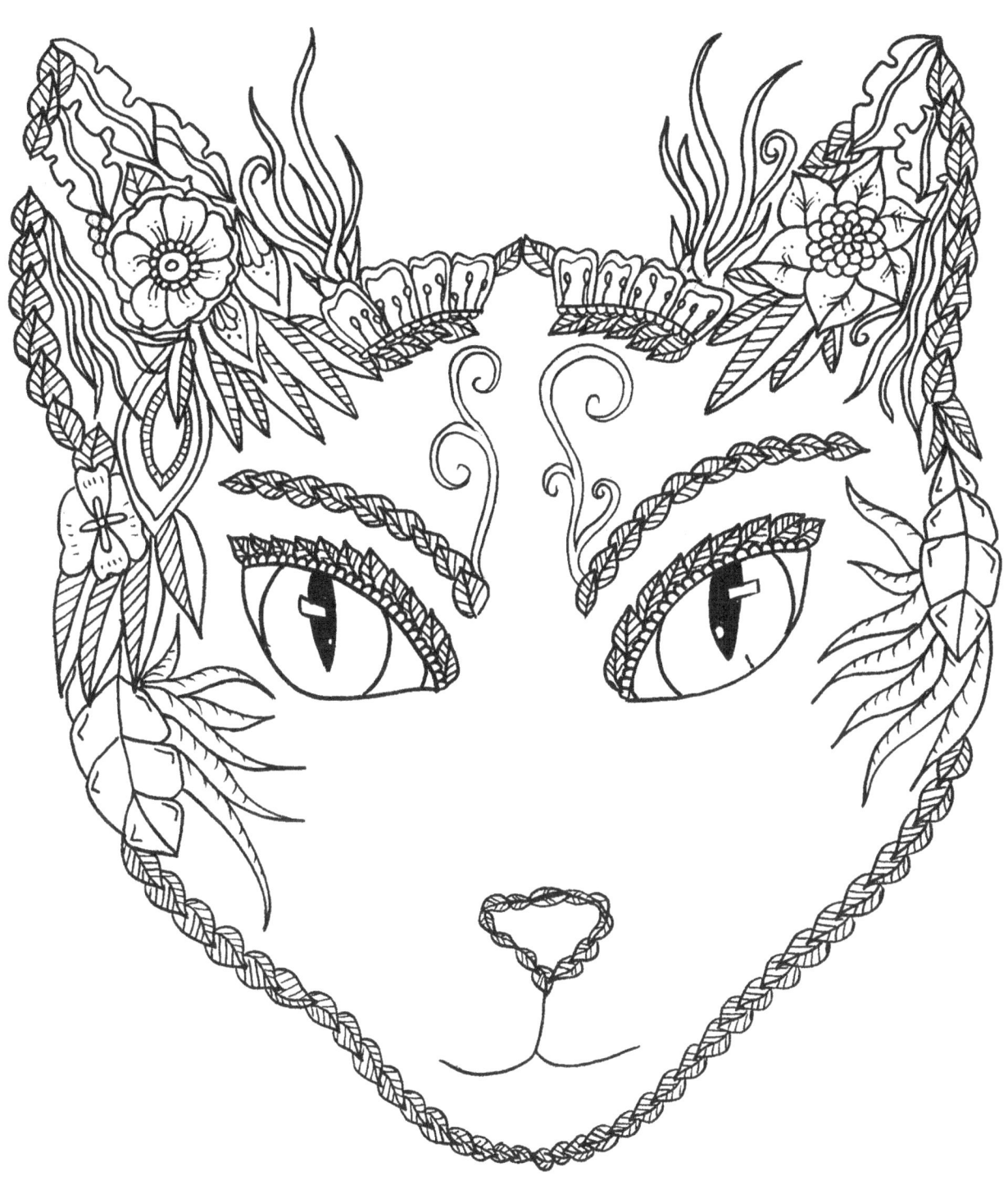

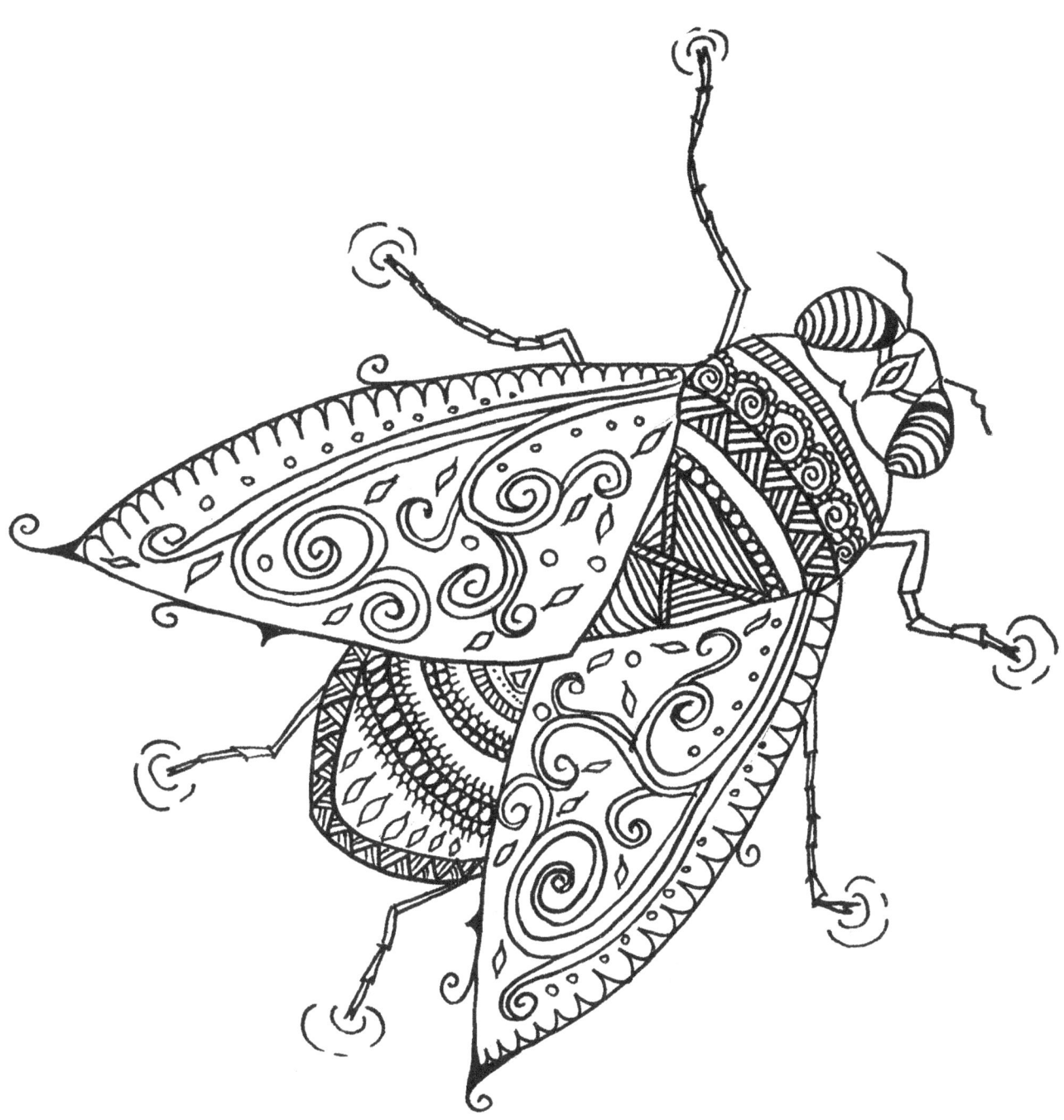

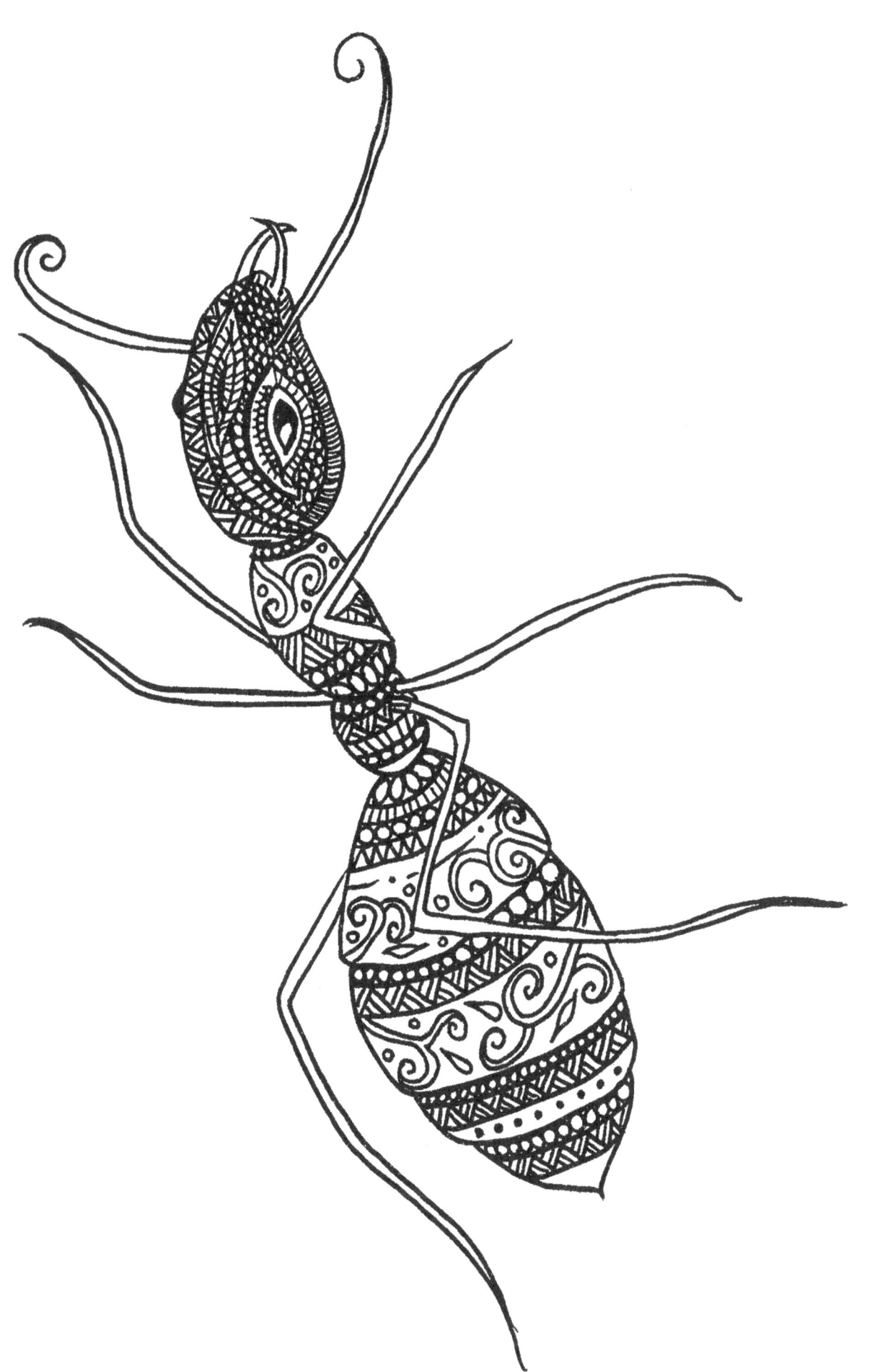

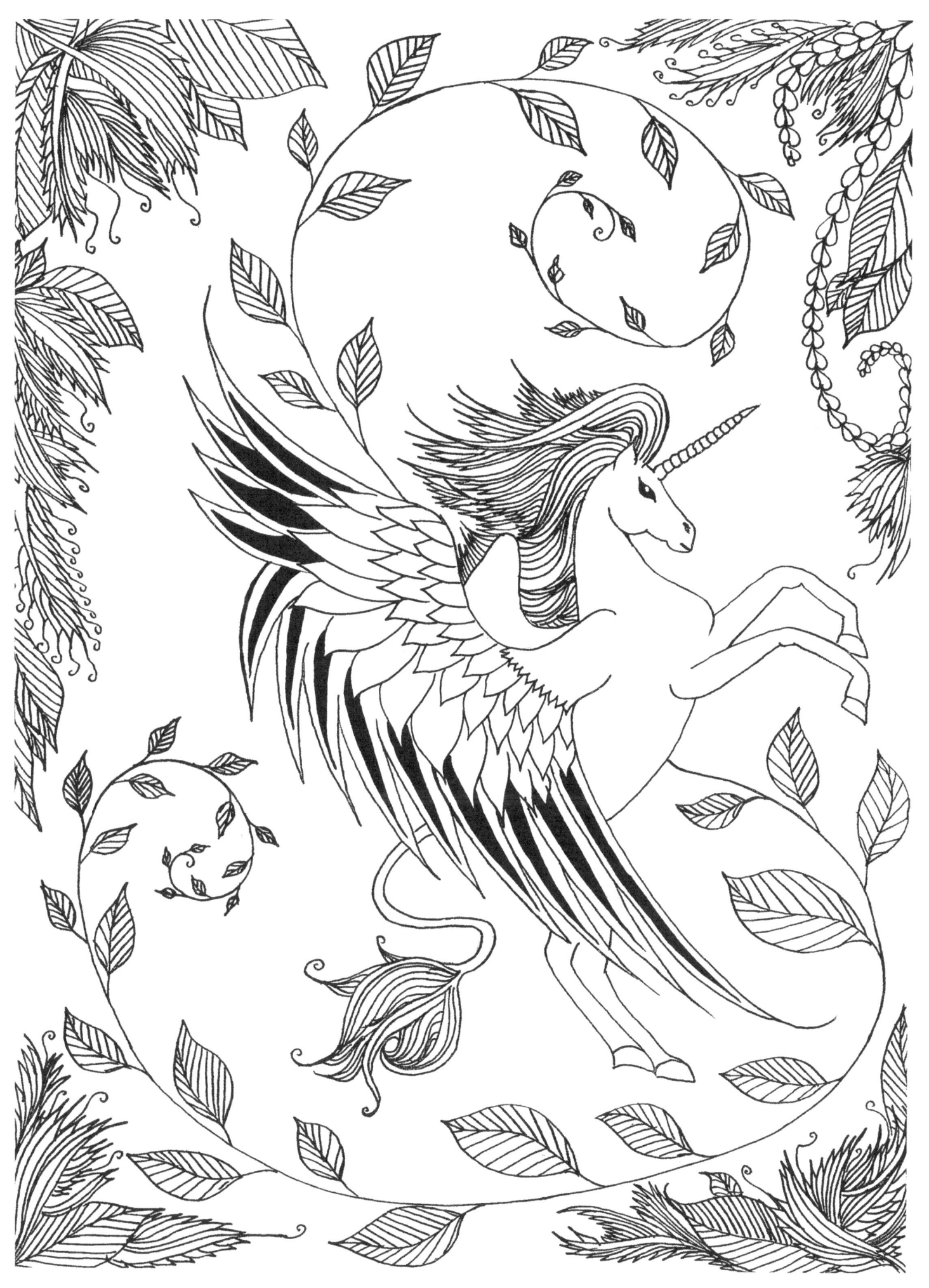

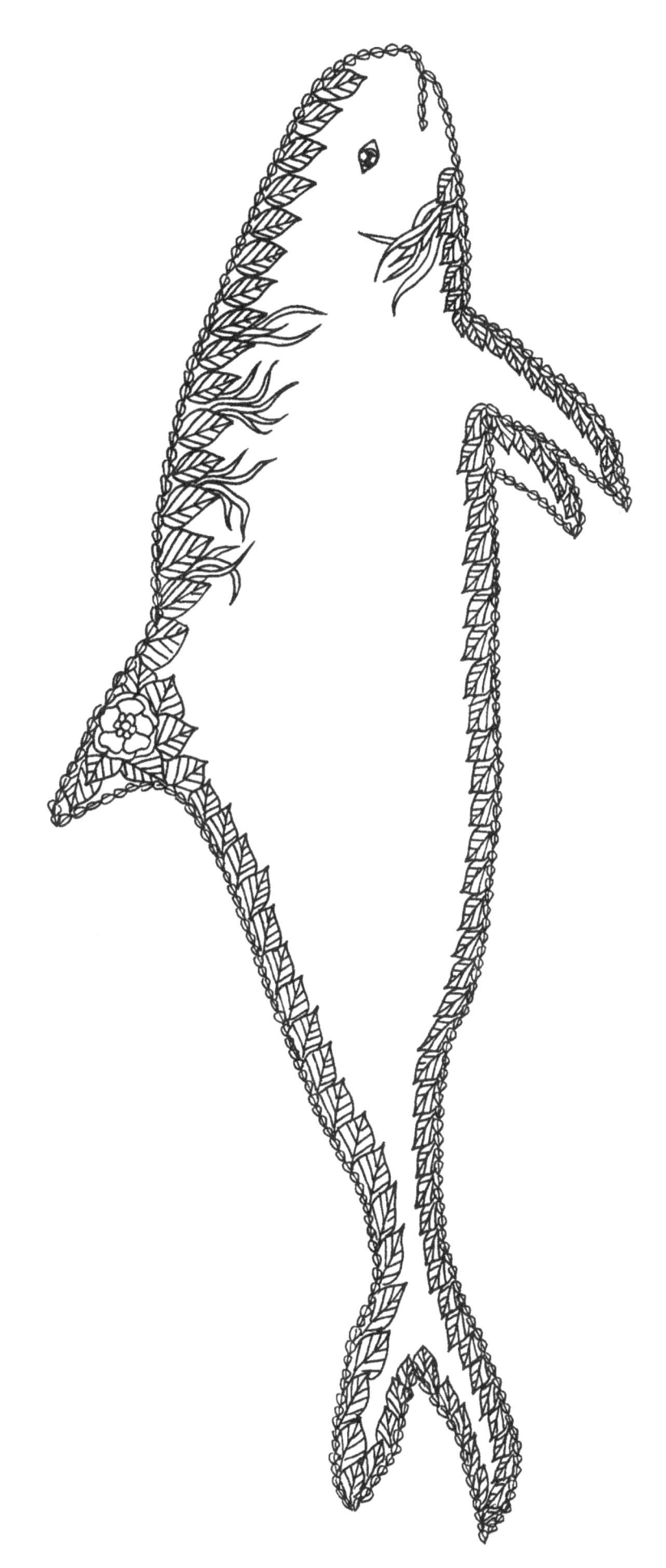

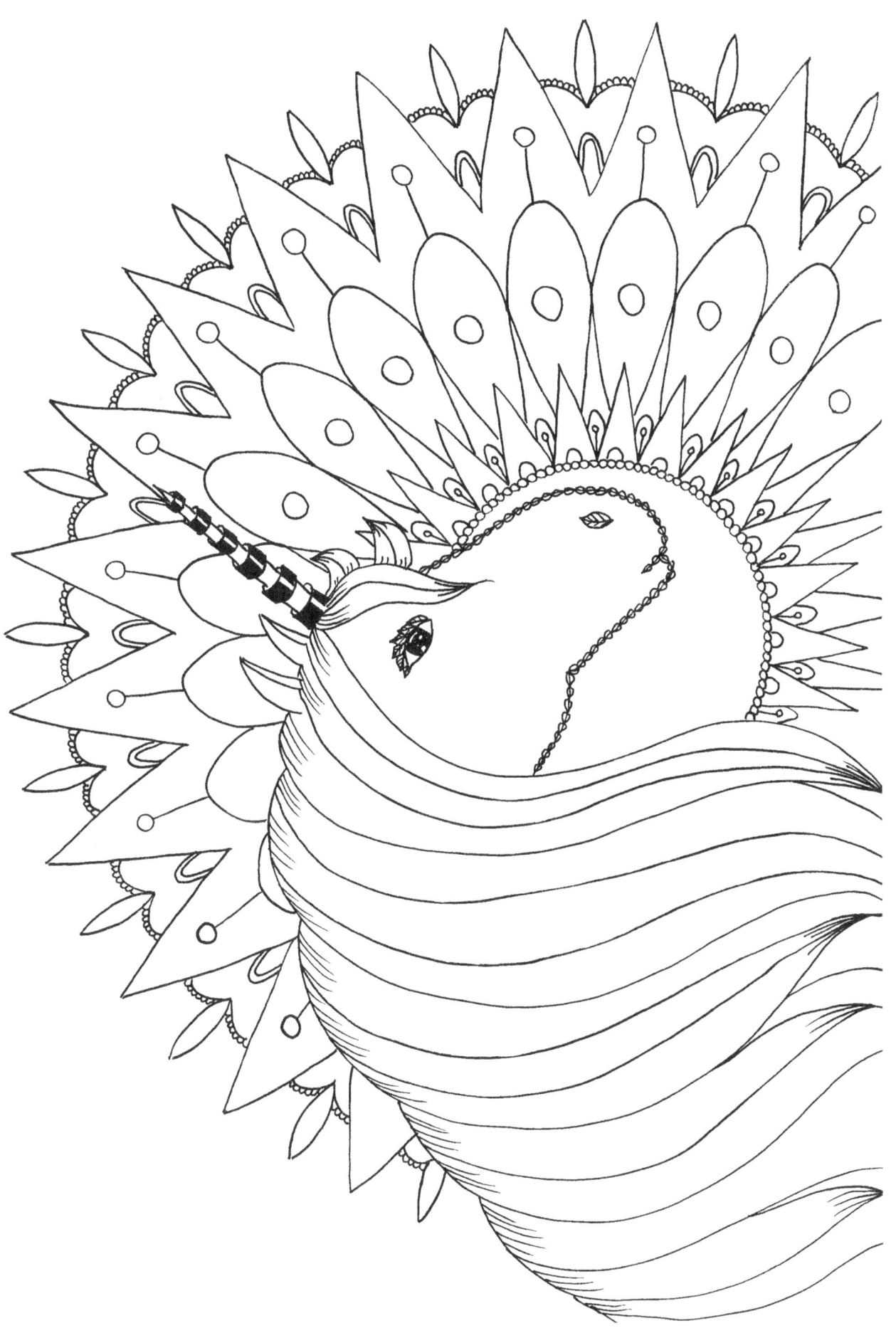

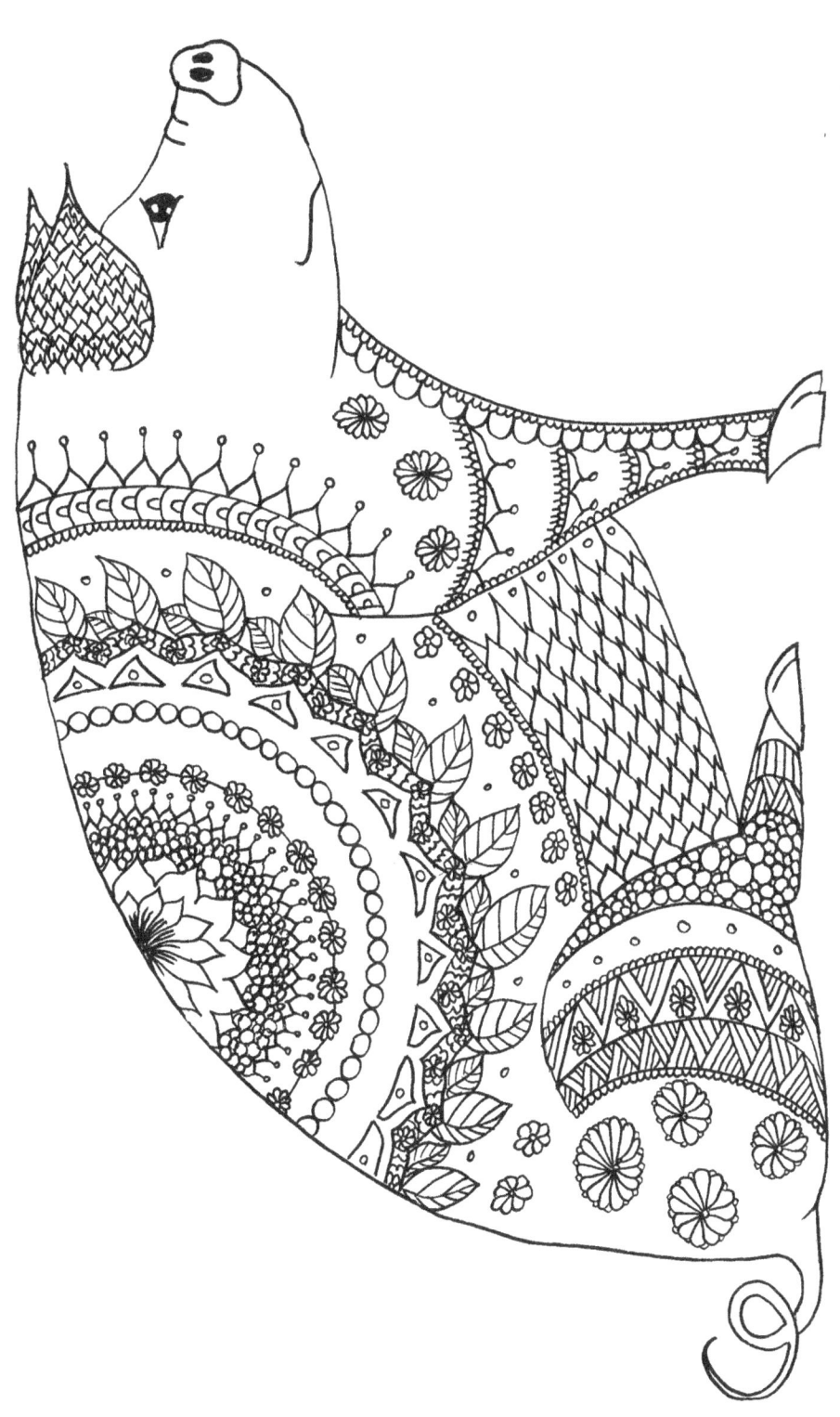

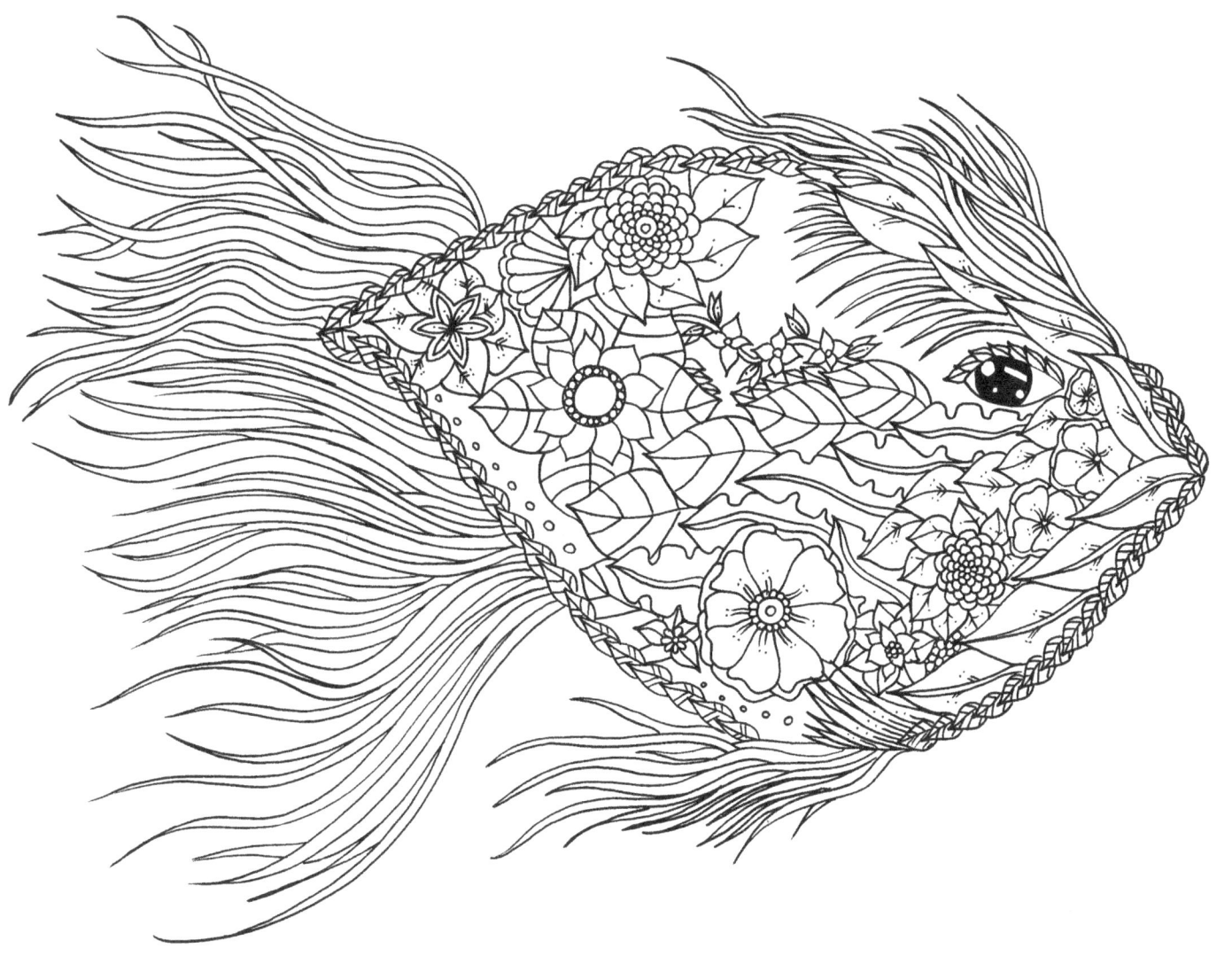

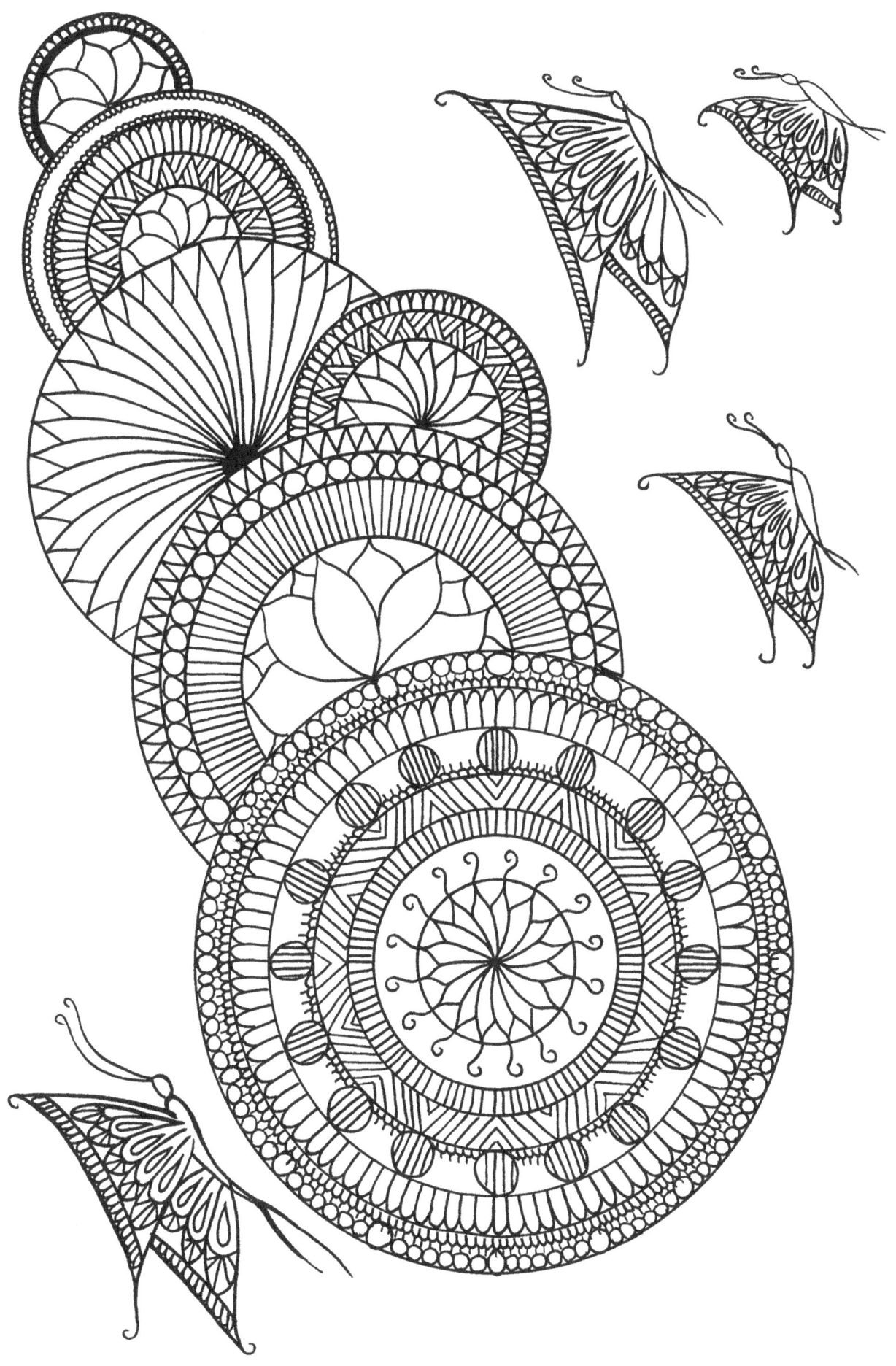

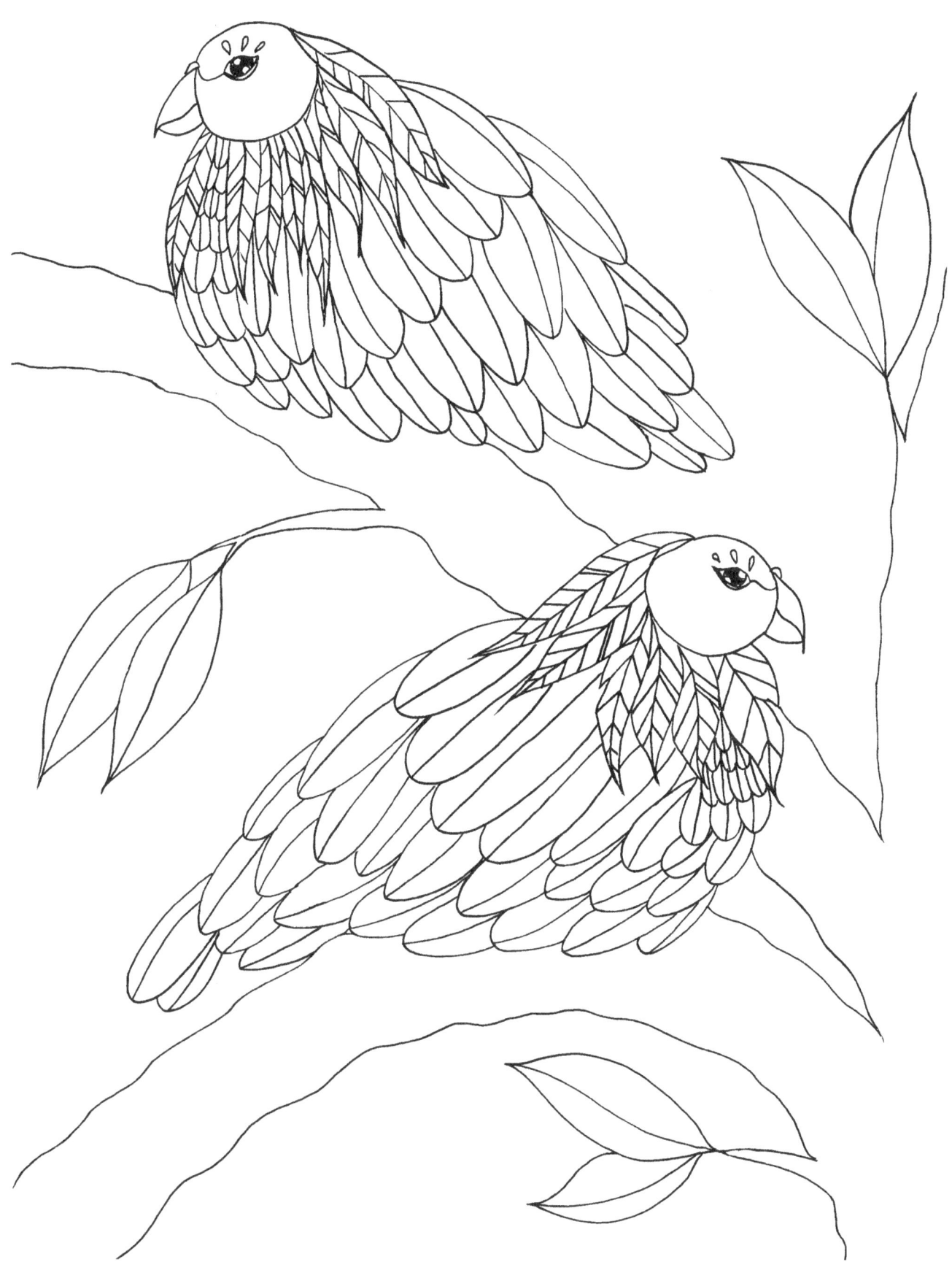

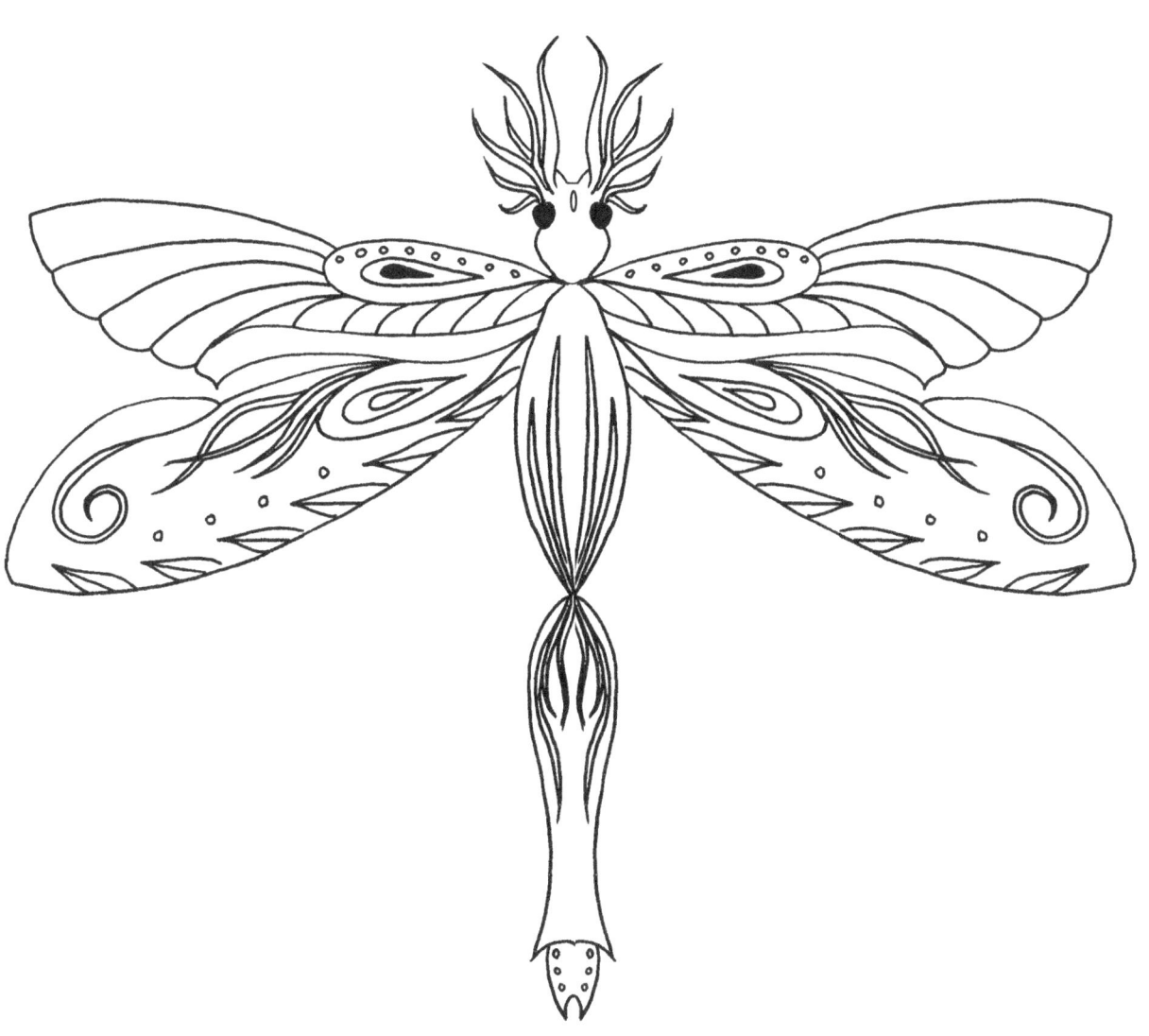

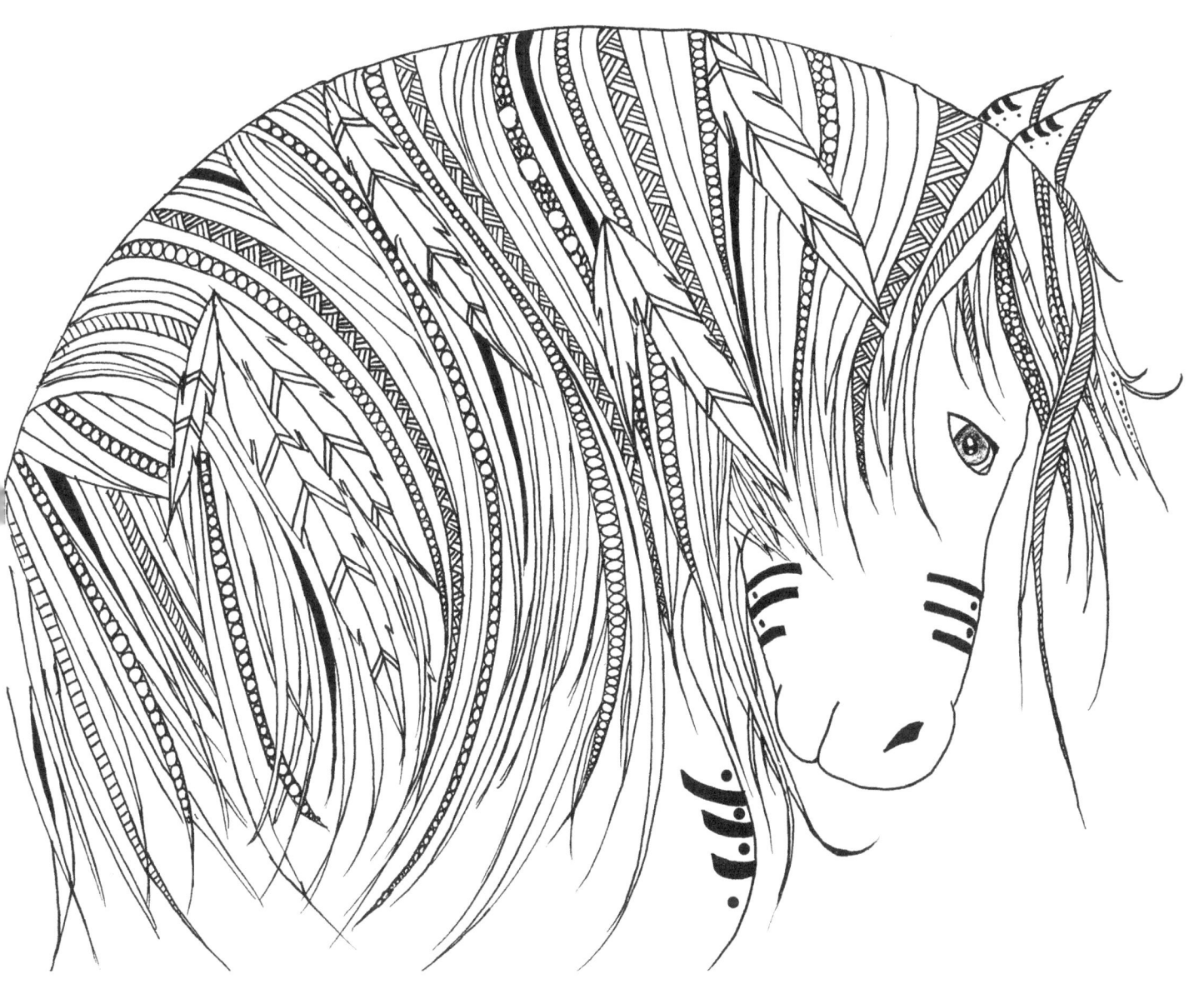

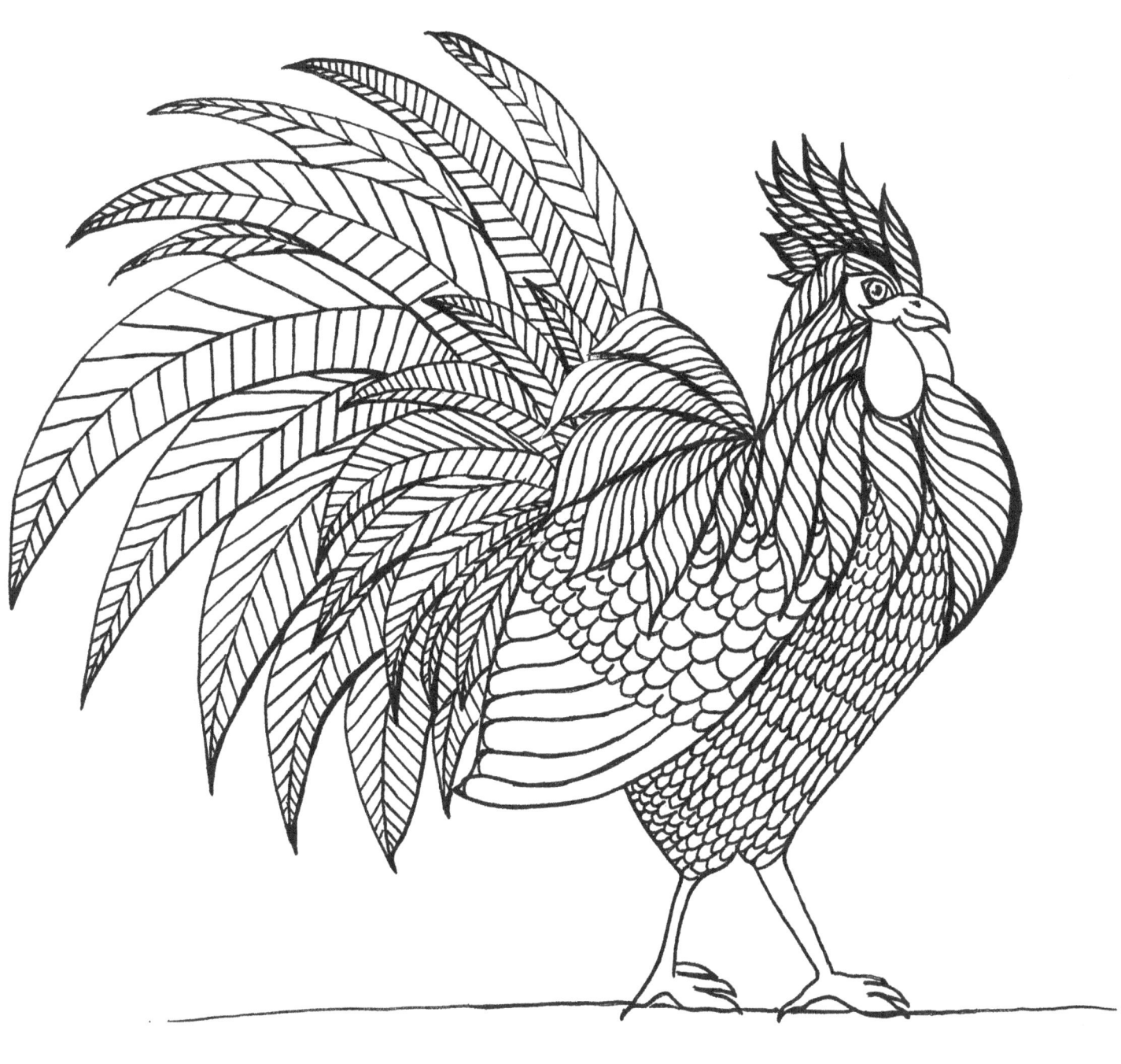

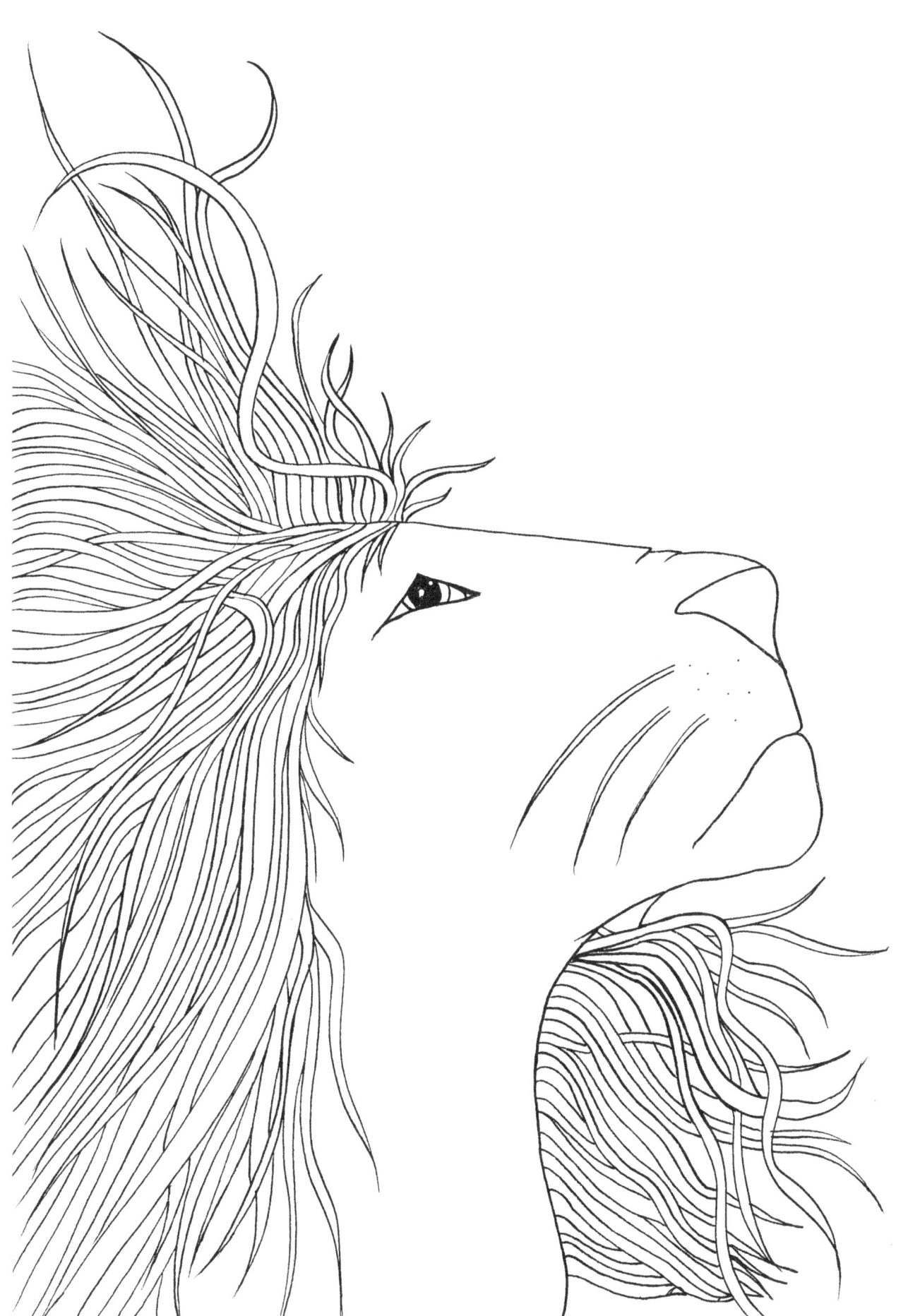

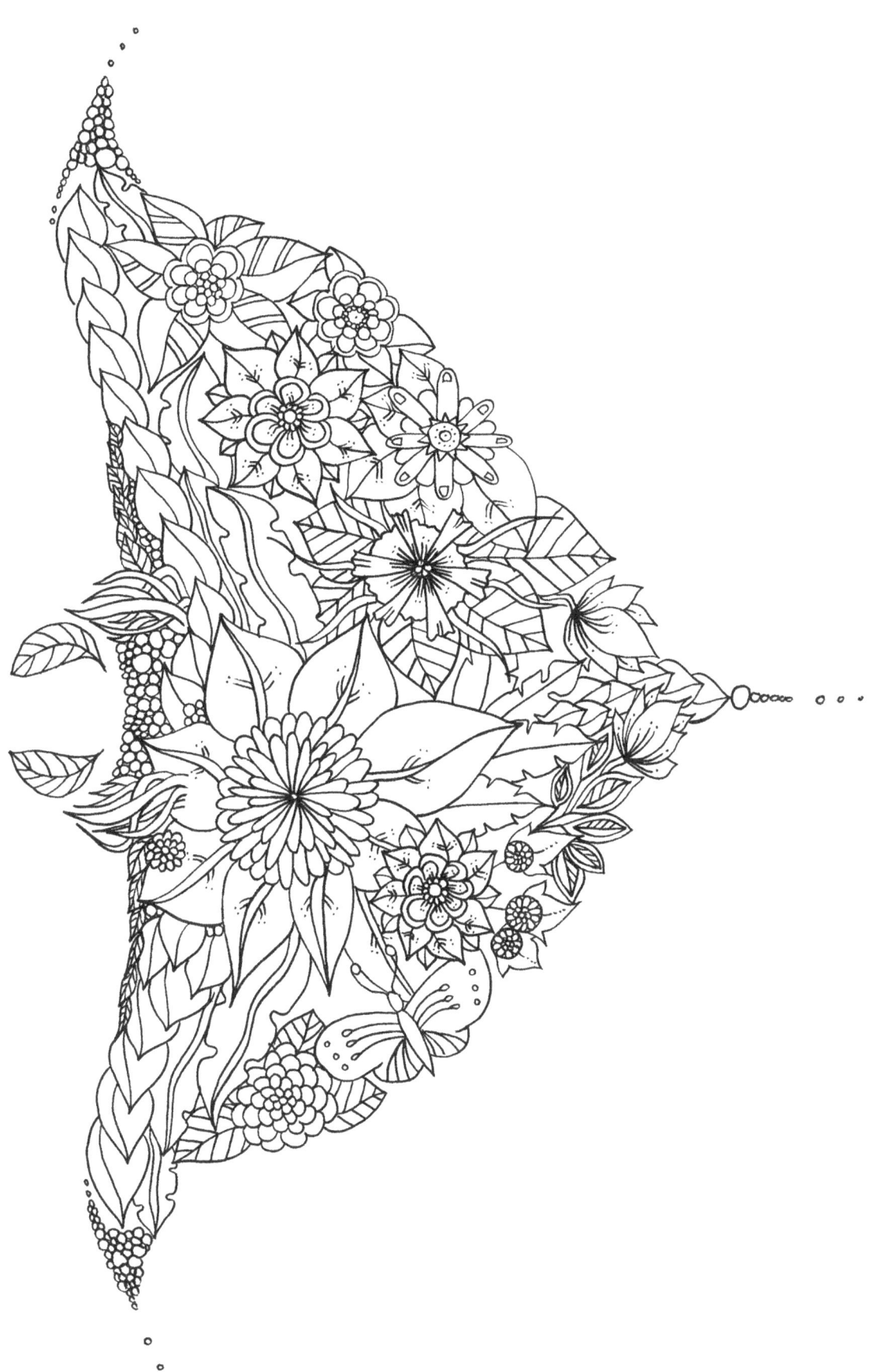

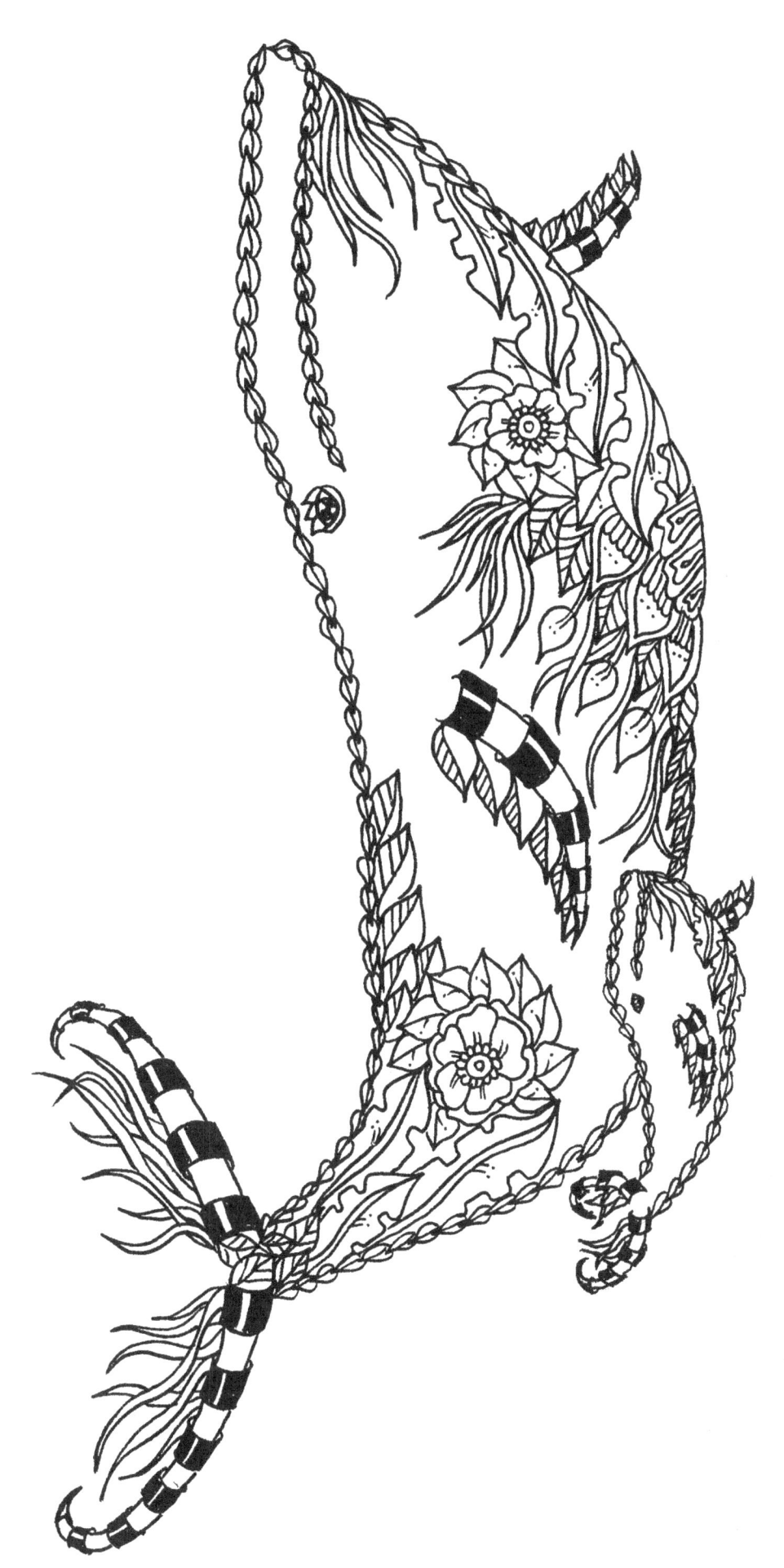

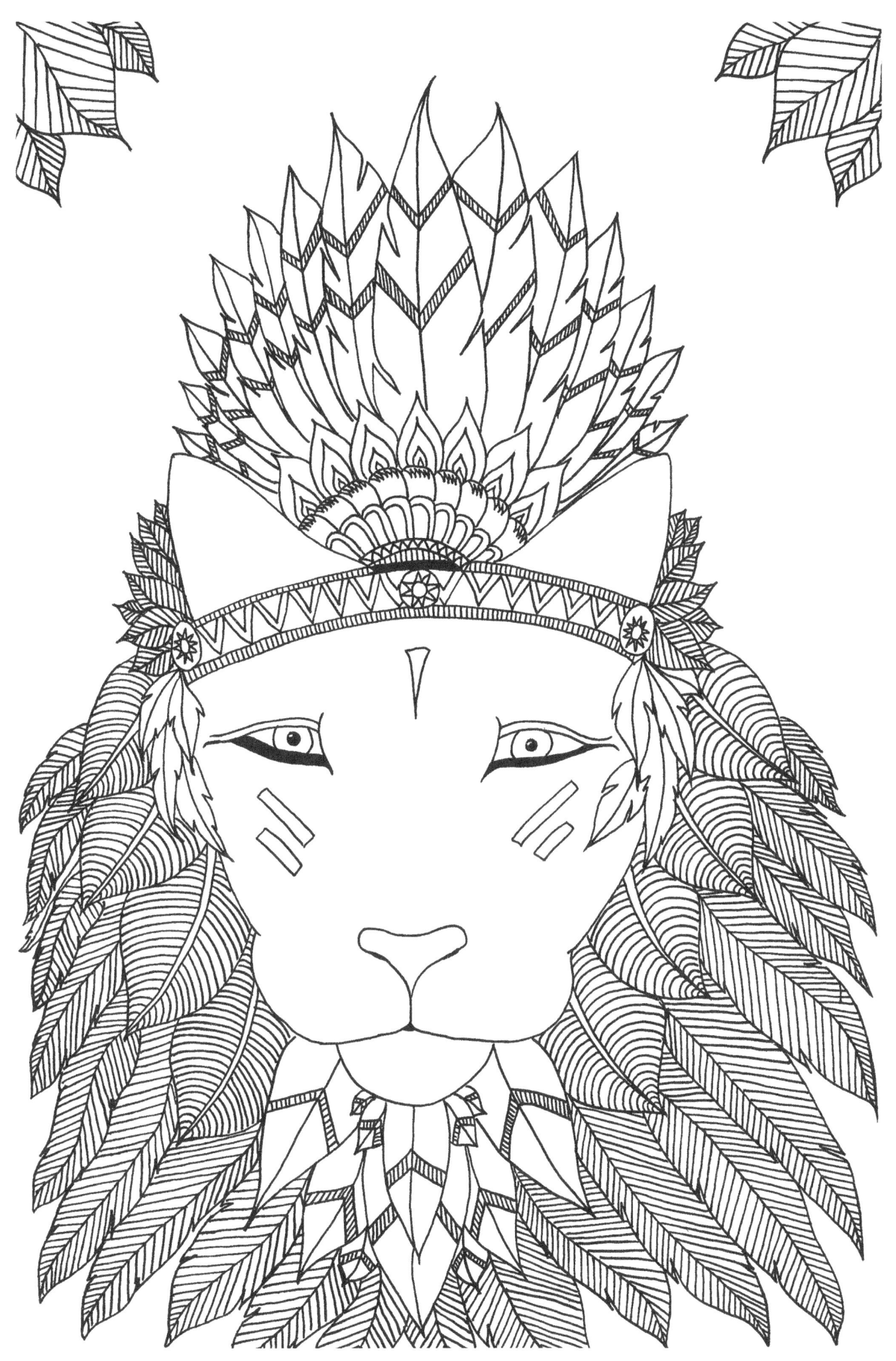

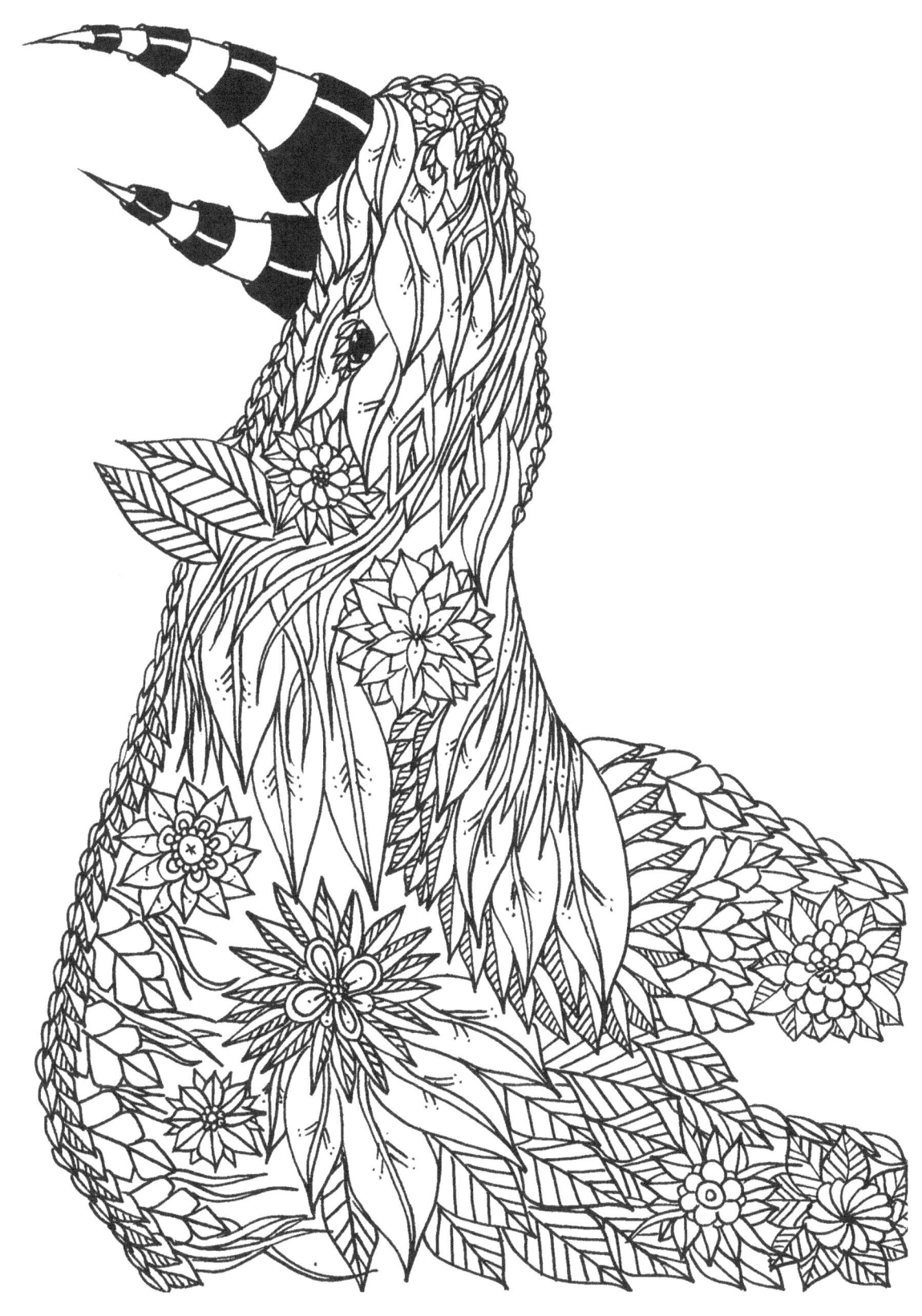

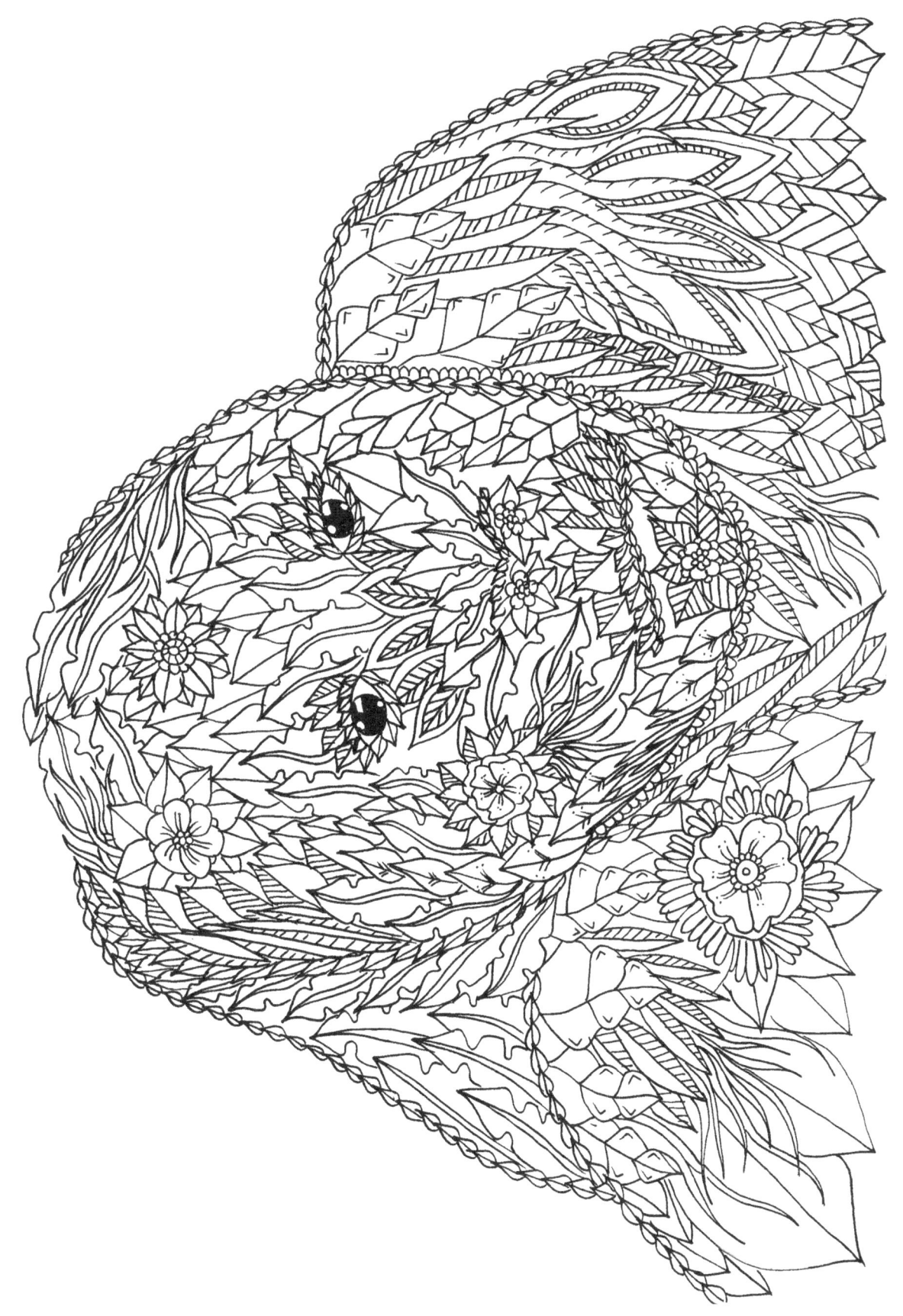

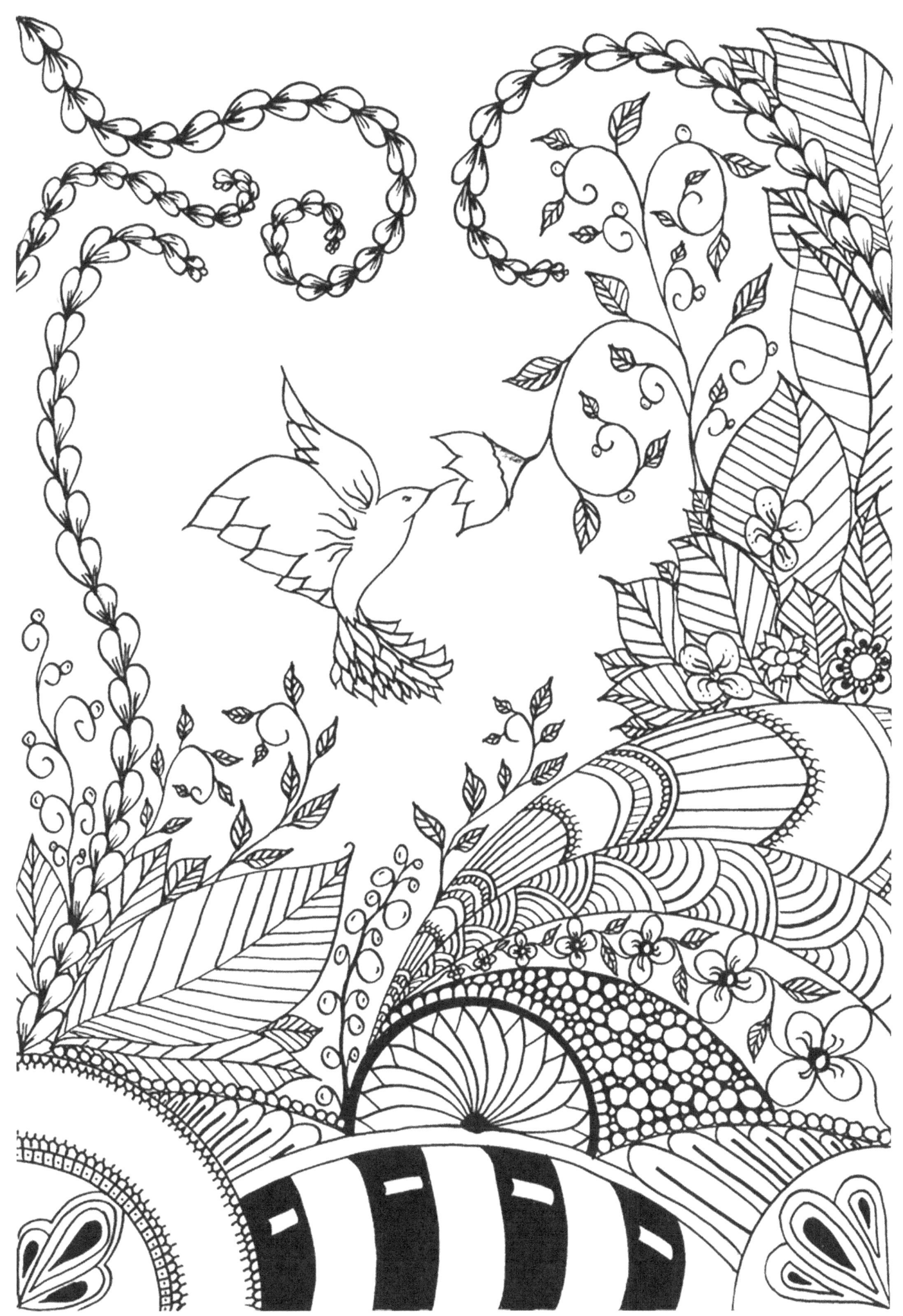

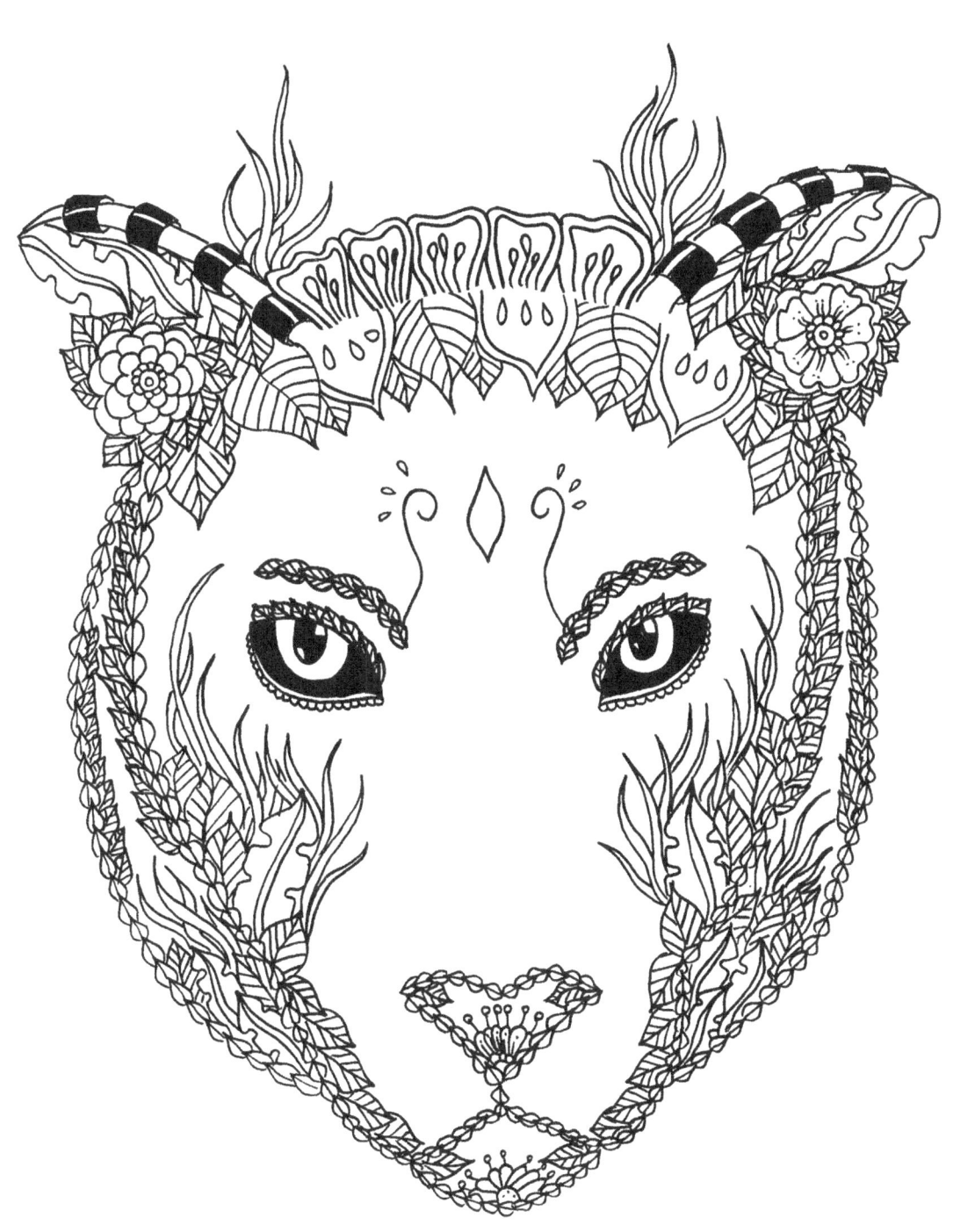

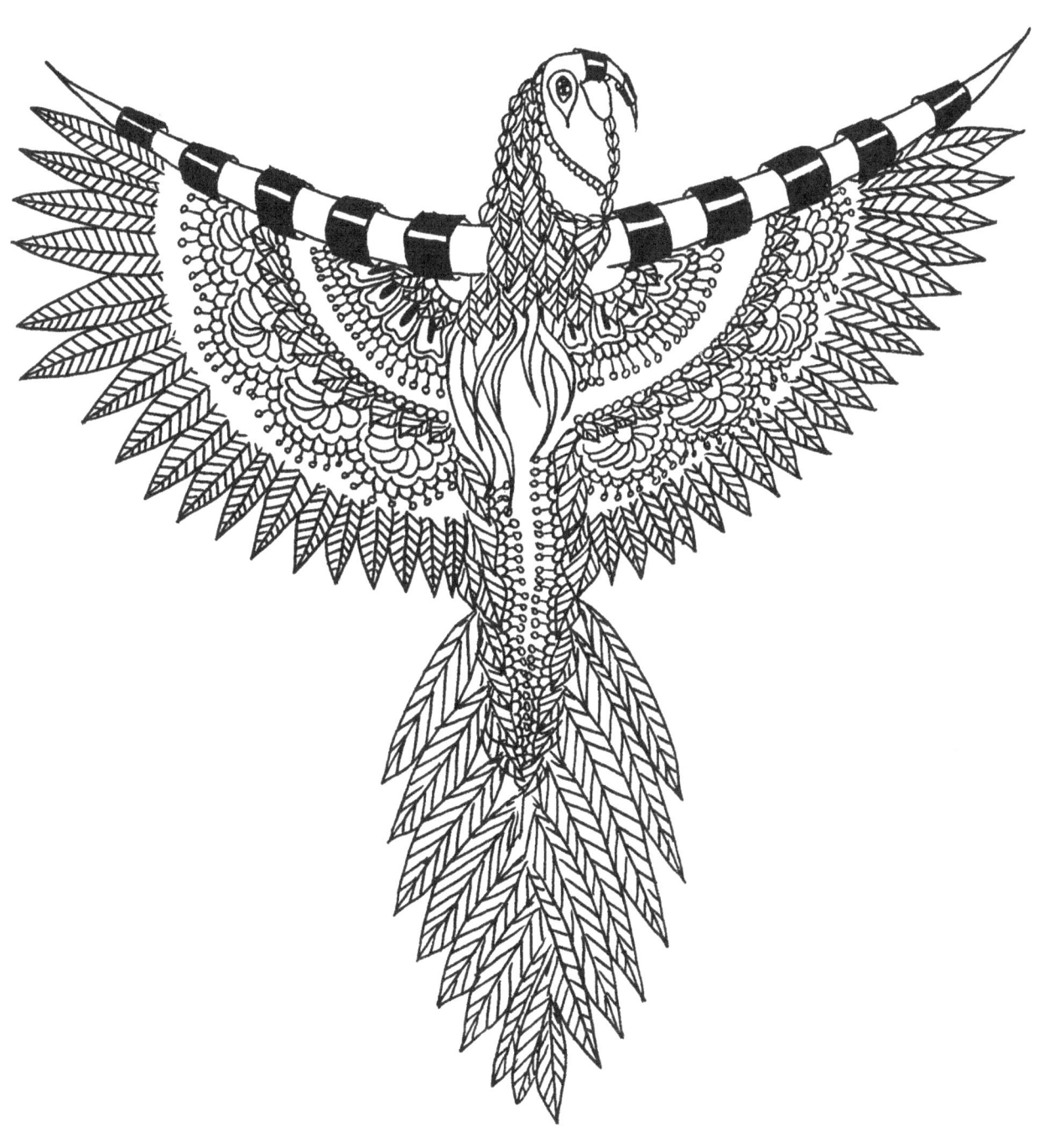

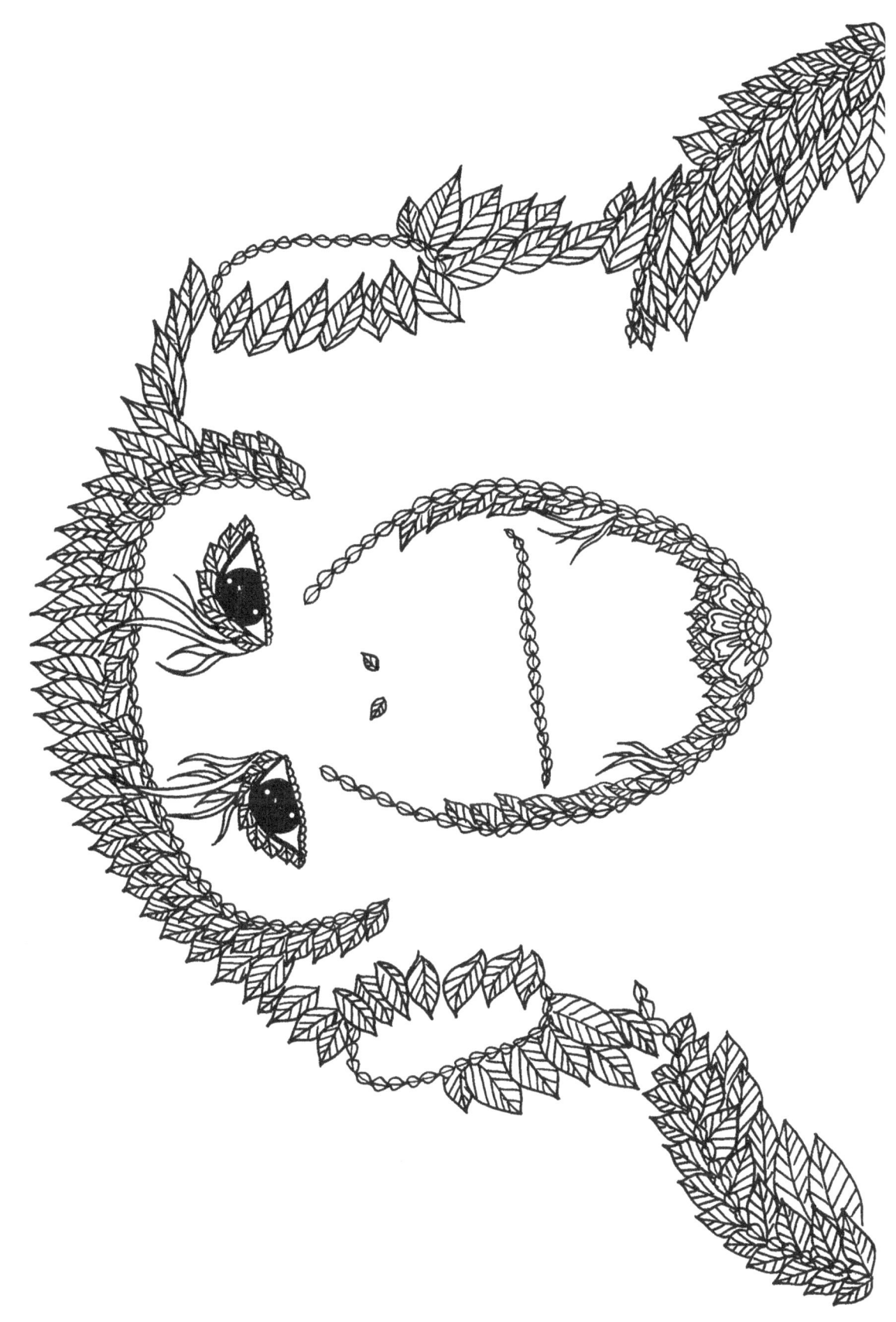

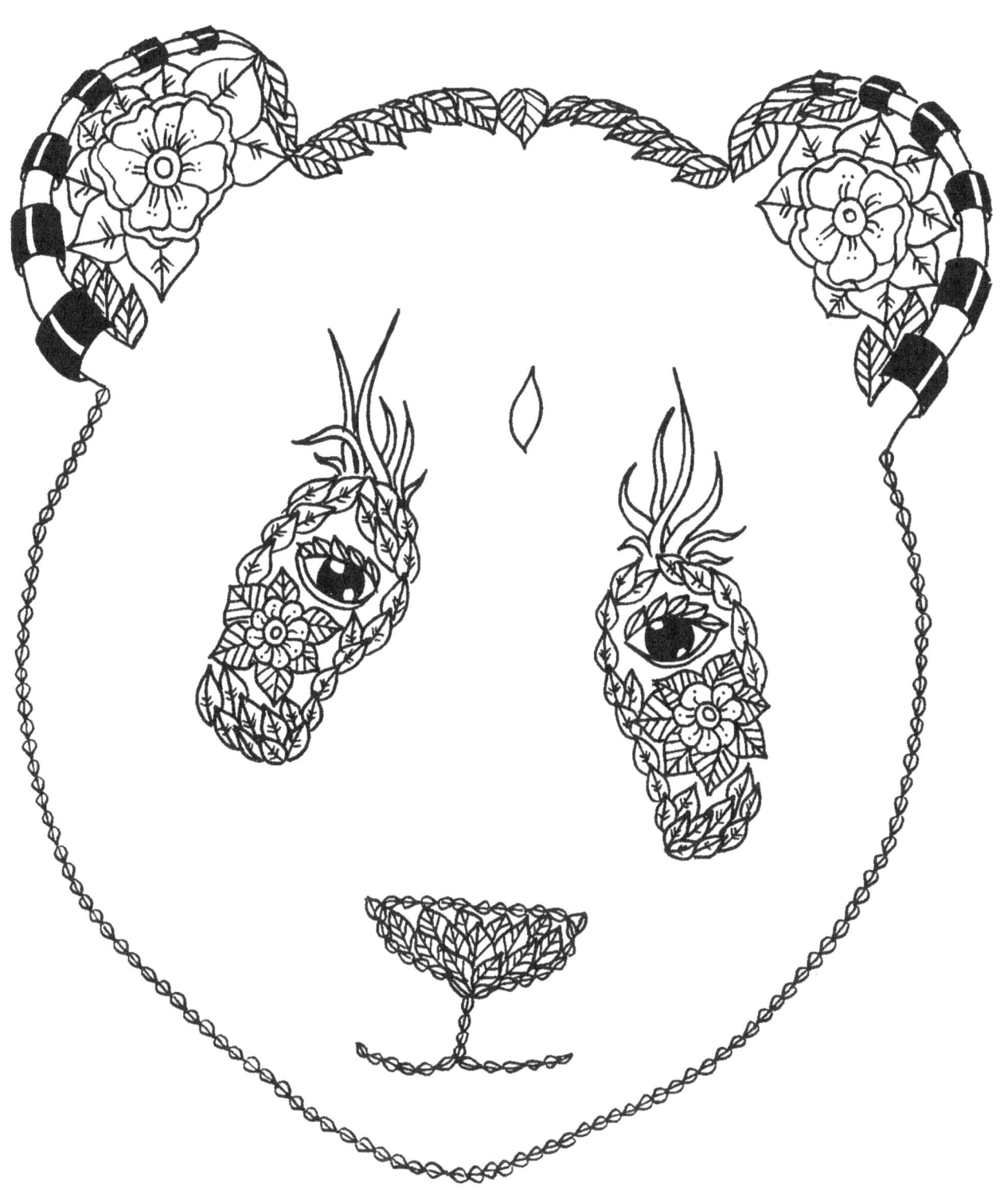

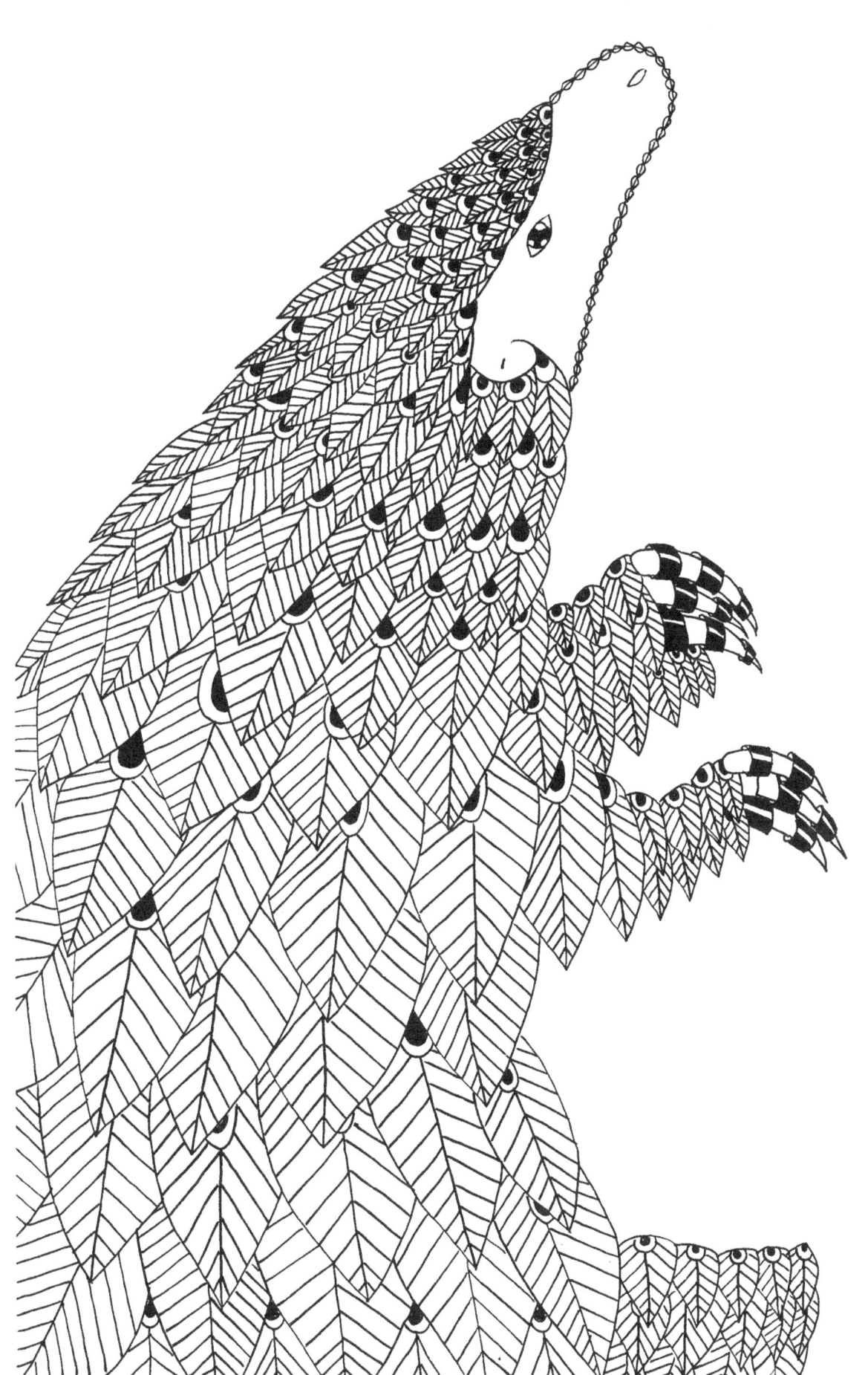

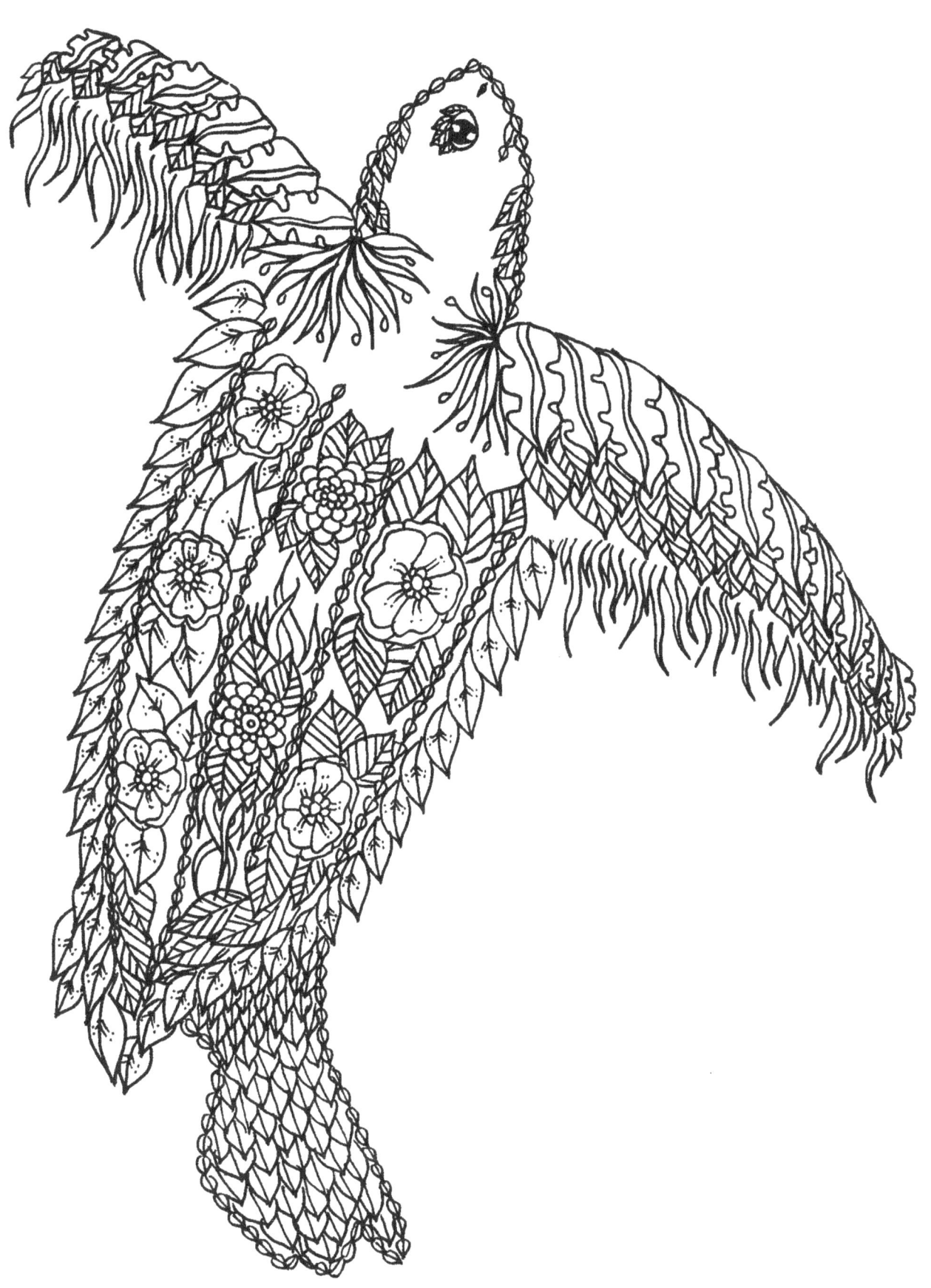

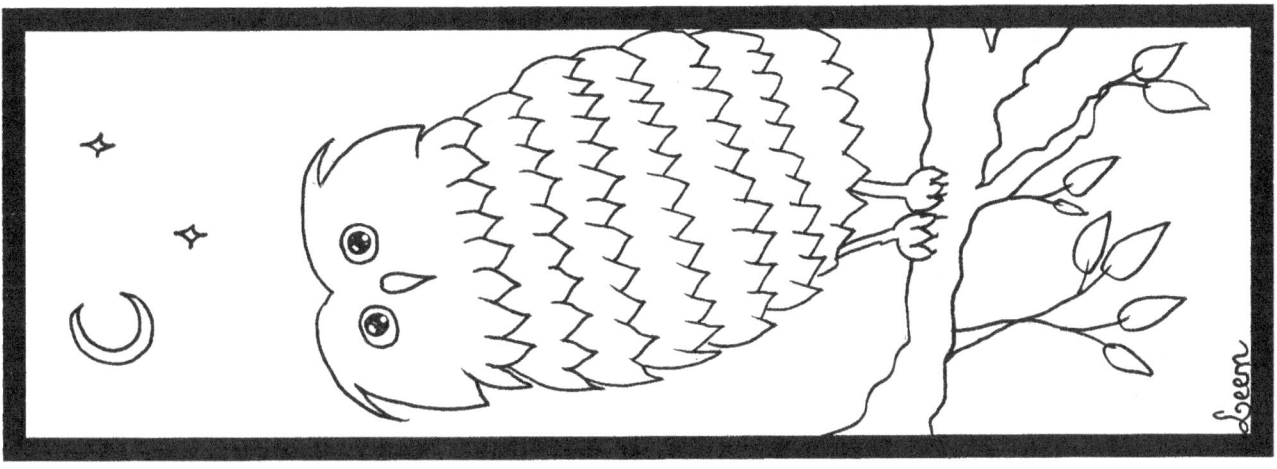
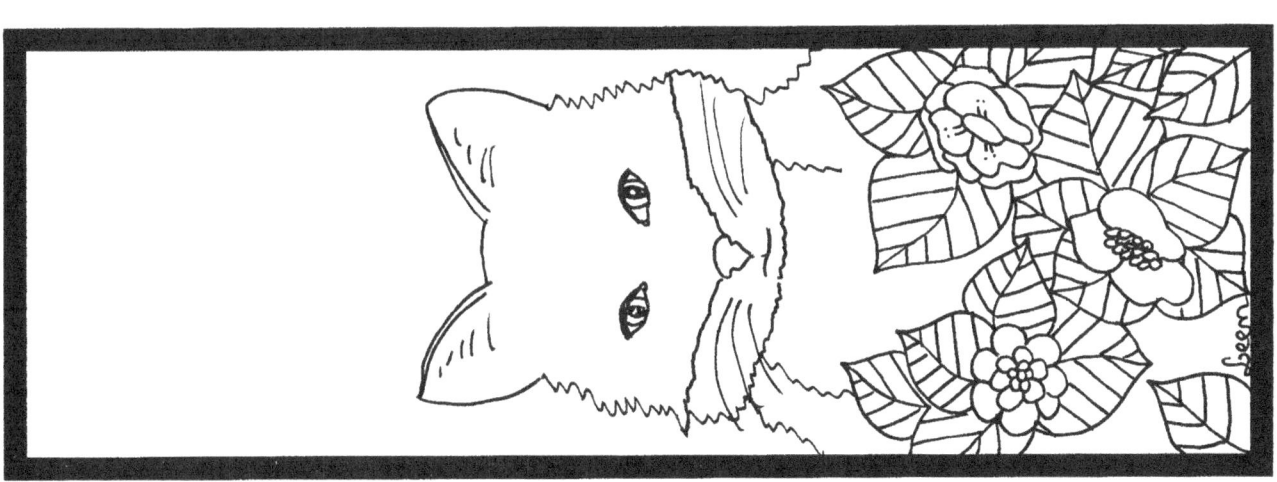
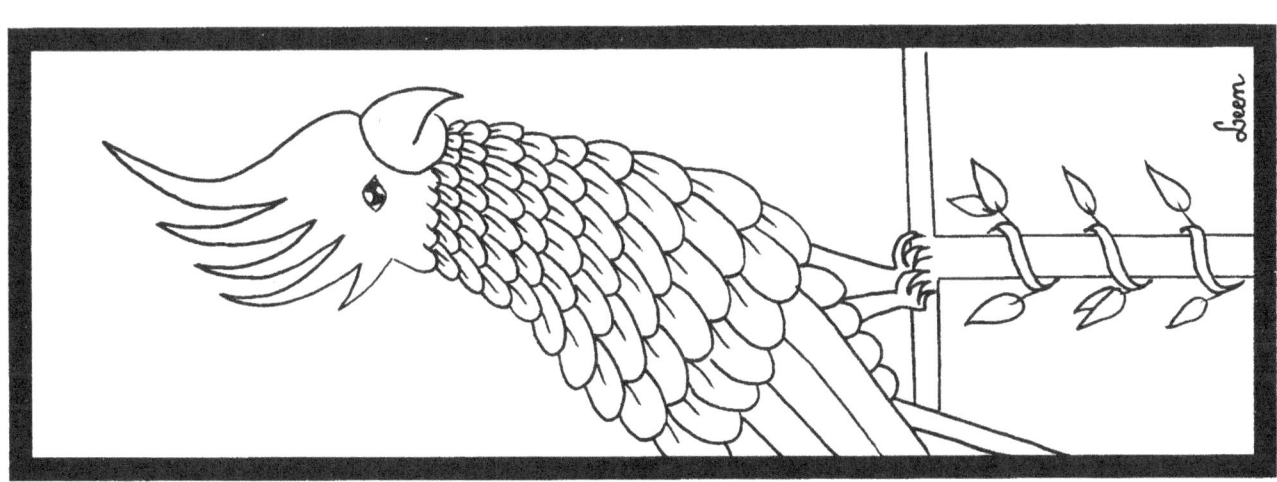

www.ingramcontent.com/pod-product-compliance
Lightning Source LLC
Chambersburg PA
CBHW082352220526
45470CB00008B/2718